丘と岡が明かす
天孫降臨

白崎 勝
Masaru Shirasaki

郁朋社

はじめに

　この書は天照大御神と高木神が国づくりを始め、この心を受け継いだ命達の活動を、解き明かしていった報告書です。また隈なく日本を巡り建国の心と、感動を求めた時空の旅の書でもあります。

　第1部は、神々が住む高天原を離れ高千穂峰に立った、邇邇藝命の新しい国づくりの報告です。八重たな雲を押し分け、道別き道別きた道程を経て、高千穂峰に立った邇邇藝命は「朝日の直刺す国、夕日の日照る国」の地形を確認すると、山々に「丘と岡」の名を付けながら一歩一歩、建国の道を進みました。

　丘と岡の組み合わせで、この降臨の旅が7年をかけた遠征であったことが見えてきました。薩摩半島の笠沙碕にいたる後も、大隅半島を経て南九州を、逆「の」の字型に進んでいたのです。なぜ7年もの年月が必要だったのでしょう。興味はつきません。「丘と岡」で記録した旅の最終地点は、八代海の獅子島でした。およそ1800年も前のできごとが、「丘と岡」の山々に記録されていたことに感動します。一つひとつの丘や岡の名前に、当時の人の文化や考えが読み取れて、遺跡や記紀が記す事柄と異なる古代人の英知を知ります。

　古代を訪ねる旅の中で、天孫降臨を先導した猿田彦命の出自や動機、待ち受けた八街を見つけました。なぜ猿田彦の名なのか、南九州に残る巨人伝説「弥五郎どん」との関係などが見えてきます。猿田彦命の旅は八代海の獅子島で終わりますが、そこには邇邇藝命を高千穂峰に導いた、猿田彦命の業績が刻まれていました。

邇邇藝命の陵は可愛山陵です。可愛と書いて「えの」と読みます。邇邇藝命の木花之佐久夜比売への思いが、陵の名として永遠に残されたのです。殺伐とした戦いでなく、古代ロマン溢れる国づくりを知ります。

　第2部では、いよいよ神武東征から日本武尊東征へと国づくりの歴史が進みます。そして国づくりが、多くの人達により成し遂げられたことが見えてきます。日本各地で見つかる破鏡は、出征兵士家族の絆の証しでした。年老いた父母は残された破鏡とともに葬られ、妻や子は小さな鏡の破片を懐にしまって、出征兵の後を追ったのでしょう。失くしたのか住居跡や溝の中に破鏡が見つかり、心が痛みます。そんな東征の中での古代人の心を求めて、感動の旅を続けます。

　この第2部は薩摩半島に残る2つの高倉山がきっかけです。邇邇藝命と木花之佐久夜比売の出逢いの場所を示す、この高倉山は豊受大神の心を託した山でした。東征を決断した豊受大神こそ建国の功労者と考えますが、東征を追い宇陀の高倉山で、神武に新しい国を託した後は漂泊の中、天照大御神の御魂に仕える日々だったことが見えてきます。

　忘れ去られようとした、この豊受大神の心が倭媛命や日本武尊に受け継がれ、東国東征の旅では各地に高倉山を残していました。さらに高倉山と同種の山・〇倉山までが日本武尊東征での名づけだったのです。東征現場のできごとが、このように山々に記録されていたことに感動し、世界の片隅でこんな建国があったことを誇りとします。

丘と岡が明かす　天孫降臨　＊目次

目次

　　　　はじめに　1

第1部　丘と岡が明かす天孫降臨

第1章　高千穂峰・・・・・・・・・6
第2章　丘と岡・・・・・・・・・33
第3章　猿田彦大神・・・・・・・・68
第4章　宇都と牟礼・・・・・・・・90
第5章　世代交代・・・・・・・・・129

第2部　高倉山が明かす2つの東征

第1章　九州の高倉山・・・・・・・・170
第2章　神武東征での高倉山・・・・・・・・197
第3章　その後の豊受大神・・・・・・・・208
第4章　古代のシミュレーション・・・・・・・・224
第5章　東国の高倉山・・・・・・・・237

　　　　おわりに　307

本扉写真：高千穂山頂に立つ天之逆鉾

第1部 丘と岡が明かす天孫降臨

天孫降臨神籬(ひもろぎ)斎場
(鹿児島県霧島市の高千穂河原)

第1章　高千穂峰

　この日本の国づくりを始めた神々がいます。命(みこと)達は、その志を受け継ぎ、どのように生きたのでしょう。古事記や日本書紀が記す先人の活動を、現代の地図の中に訪ねてみます。

邇邇藝命

「豊葦原水穂国は、汝知らさむ国ゆえ天降るべし」と天照大御神、高木神の命で、邇邇藝命(ににぎのみこと)は高天原を離れ「高千穂のくじふる嶺」に降りました(いまし)。これを「天孫降臨(てんそんこうりん)」と言います。

　天照大御神から神武天皇にいたる、系譜を下図に示します。邇邇藝命は天照大御神の孫で、また神武天皇は邇邇藝命の曾孫にあたります。

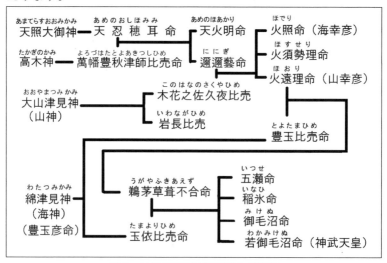

図1　古事記に記す邇邇藝命の系譜

第1章　高千穂峰

古事記が記す天孫降臨の記述

「故ここに天津日子番能邇邇藝命（以下邇邇藝命と記す）に詔りたまひて、天の石位を離れ、天の八重たな雲を押し分けて稜威の道別き道別きて、天の浮橋にうきじまり、そり立たして、竺紫の日向の高千穂のくじふる嶺に天降りまさしめき。」

補記）日本書紀では、邇邇藝命を瓊瓊杵尊と記しています。

さらに邇邇藝命は高千穂のくじふる嶺で次のように詔します。
「ここに詔りたまひしく、『此地は韓国に向ひ、笠沙の御前を眞来通りて、朝日の直刺す国、夕日の日照る国なり。故、此地は甚吉き地』と詔りたまひて底つ岩根に宮柱ふとしり、高天原に氷椽たかしりて坐しき。」（倉野憲司校注・岩波書店）

邇邇藝命が、まるで天空から山上に降りたような内容なので、「天孫降臨」と呼んだのでしょう。系譜に記すように実在の人物の活動ならば、突然、天空から山頂に人が舞い降りることはできません。現実のどこかに道別けた道があり、高千穂のくじふる嶺が今もあるはずです。

天孫降臨の謎

話のもとになるできごとが実際にあって、記紀（古事記・日本書紀の総称）に書き残されたと考えると、次のような疑問が生まれます。

謎1　出発地となった高天原はどこか？
　①倭人は大陸から渡来したと考えて、高天原は出発地の中国大陸や朝鮮半島とする考えがあります。

②全国に高天原、高天、高原などの地名が残り、多くの高天原とされるところがあります。邪馬台国(やまたいこく)を近畿とする説では奈良県御所市高天があてられています。

謎2　降臨した場所はどこか？
①宮崎県の高千穂町には、くしふる峰や二上山があるので候補地になっています。
②霧島連峰の中の高千穂峰も霧島神宮の伝承や、笠沙の御前(野間岬とされる)に近く候補地になっています。
③『此地は韓国に向ひ……』と述べているので、南九州でなく朝鮮半島に向き合っている北部九州の博多湾沿岸とする考えもあります。

謎3　出雲国譲り後、出雲に向かわなかったのはなぜか？
①記紀は出雲の国が譲られたので、天孫降臨が行われたと記しています。ところがその出雲に向かっていません。向かった先がなぜ出雲と異なるのか謎です。

謎4　道案内した猿田彦大神とは？
①天孫降臨が行われた際に、猿田彦大神が道案内しています。この人は高天原の天津神(あまつかみ)でなく、国津神(くにつかみ)だと記しています。どうして無関係な人が道案内したのでしょう。どんな人だったのでしょう。

謎を解く鍵
　これらの謎を解く鍵を偶然に見つけました。邇邇藝命が高千穂のくじふる嶺で、
「此地は韓国に向ひ、……。故、此地は甚吉き地」
と詔したという意味が解けたのです。

第1章　高千穂峰

　私はこの「天孫降臨」を研究する前に、神武東征と邪馬台国の謎を解く調査をしていて、その結果を著書『たかとりが明かす日本建国』（梓書院 2010 年）で報告しました。日本各地にある高取山と鷹取山は、対に配置されていて、東征の進攻方向を表すベクトル（矢印）であることを見つけ、調べたものです。
　この調査の後、神武東征にいたる国づくり揺籃の時代に興味を持ちました。その時代を解く鍵が、先の調査の延長線上にあったのです。その経緯から順次話を進めます。

全国のたかとり山

　ある日、神奈川県にある「たかとり山」の配置は、日本武尊が「高取山から鷹取山」方向に進んだベクトルではないかと考えました。日本武尊の伝承とも一致します。そこで全国に範囲を広げ「たかとり山」の位置を調べてみました。地図1です。

　中国・四国・丹波地方の配置が高取山と鷹取山で対に見えます。東北の短い対の配置も偶然でないことが分かります。そこで全ての対と思われる山を結び符号をつけまし

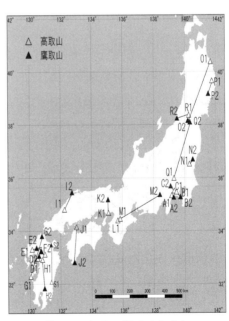

地図1　全国の「たかとり山」

た。そして奈良県を境に東を日本武尊東征の、西は神武東征の足跡と考えました。

　ベクトルI・J・Kは瀬戸内海を進んだ神武東征隊が、中国・四国・丹波へ遠征したことを記録したものでしょう。これなら東征に6年も要したと記す日本書紀の年数も納得できます。

　また、神武および日本武尊による、2つの東征は同じ「たかとり山」を用いているので、一連の建国の事業と認識していたことも分かります。壮大な建国の記録が見つかったのです。

高取山と鷹取山はベクトル

　ベクトルとは、力学に用いる技術用語です。力がどちらの方向に向いているかを示す矢印で、力の大きさは線の長さで表します。そのことから、グループで力を合わせるとき「皆のベクトルを合わせよう」などとも用います。ここでは、歩いた方向を示す言葉としてベクトルを使うことにしました。図2はその概念です。「ベクトルA1→A2」と表記すると、［A1］高取山から［A2］鷹取山に引いた矢印とします。そして、このベクトルには、古代人の次の意思が隠されていると考えました。

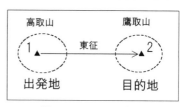

図2　ベクトルの概念

1) 高取山から鷹取山に引いた直線は、東征隊がその方角に進んだことを示している。
2) 高取山の付近またはその先から、出発したことを示している。
3) 鷹取山付近か、その前方に当面の目的地がある。

4）線の長さは意味を持たない。

「タカ」の文字を高から鷹に変えて、矢印の矢先の代わりにしていたのです。それで、ようやく２つの「たかとり山」があることが分かりました。動くことのない山を選んで名前を付けて残すことは、あちこちに、地名を残した東征隊ならばできたことでしょう。

測量方法についての考察

　古代の人が遠く離れた地点の直線を、どのようにして見つけていたのか興味が湧きます。緯度にあたる東西は、太陽の高さや北極星の高さを測量すれば判断できそうです。南北の直線は経度にあたる測量ができないと分かりません。山に登り山頂で烽火をあげても、山深いところでは視認が困難です。北極星を中心とした星の回転が、同じ日の同じ時刻に同じ角度であることが分かれば、同経度といえるが、時計のない時代にどのような方法があったのでしょう。何かの方法で星の見える夜の時間を測定していたかも知れません。星の回転角度は工夫すれば測量できそうです。

　古事記に、伊邪那岐命が禊した時、時量師神（ときはかしのかみ）が成ったと記していて、国生みの時代から時を計る技師がいたことが分かります。夜の山頂でも使える、当時の方法を大胆に推測してみると、身近な水や人の脈を用いる方法が浮かびます。

　水を用いる方法　日本では天智天皇（668－672年）が漏刻（ろうこく）を設置し、時を告げた記述が日本書記にあります。中国では前漢の時代から、漏刻が使われていたようで、早くに日本に伝わっていたとしても不思議ではありません。漏刻は水槽を５段に設置し、最上段に水を注ぎ、サイホンで順に下段へ水を移し、最下段に溜

まった水位を測定して時を知る方法です。小型化したり、持ち運んだ水の再利用をすれば、水の不自由な山頂でも利用できたかも知れません。

脈を測る方法　人の脈は1分間に約60 ― 70回です。これを太陽が南天にきたときから、数え始める方法です。脈のしっかりした人を選び、1日の脈数や生活パターンでの頻脈などのデータをあらかじめ得ておけば、時間に換算することは可能です。1人でなく数人の平均値をとれば精度は向上します。

　仮に南北の2点の東西の許容誤差を400m以内として、北緯34度の地球の周長から換算し、必要な時間精度を求めてみました。すると、±1秒の誤差程度にとどめる必要があります。かなりの精度が必要で、斜め方向の山の直列や、各種測定誤差の重なりを考えると、時間を利用した方法では困難に見えてきます。鏡の光を利用するなど、直接測量する方法が精度は良いでしょう。しかし後に、鏡では追えない長い直線が見つかることから、現代人が想像できない工夫があったと思います。

神武隊は本隊と合流した
　九州の「たかとり山」の位置を拡大して地図2に示します。6対のベクトルが見つかり、その内3対は朝倉市に三角域Tを形成しています。
　ベクトルFは点線のように、日向に向かっています。日向は記紀が記す、神武東征の出発地です。また、点線途中には高千穂宮が見つかります。神武兄弟は、ここ高千穂宮で東征を相談し、筑紫に行ったと古事記は記しています。

三角域Ｔは、北部九州にあった高天原と考えられ、このベクトルは、神武兄弟が高千穂宮に集合し、その後、東征するための倭国連合を相談に、高天原のある筑紫に向かった行動の記録と比定しました。

　このベクトルＦが短かく、日向とのかかわりを点線のように想像させているのは、ベクトルＳとの交差による混乱を避けるためか、北部九州の倭国の領域を意識したものと考えます。

地図２　九州の「たかとり山」

　ベクトルＤとＥは、筑紫平野の北と南の山峰にあります。平野の中央を筑後川が流れ、北部は佐賀平野、南を筑後平野と分けて呼ぶこともあります。低地の筑後川付近は、当時はまだ未開拓だったと思われるが、２つのベクトルに沿った微高地には、弥生人と思われる、倭国の人達が住んでいたと考えます。その代表的な遺跡は、佐賀平野のＤ２付近にある吉野ヶ里遺跡です。南の筑後平野にも、邪馬台国比定地のひとつの旧瀬高町や、旧山川町に多くの弥生遺跡が残ります。２つのベクトルＤとＥは、神武達の東征の建議が高天原で決まると、まず、この領域の人達が高天原に集合したことを記録した、ベクトルと比定しました。

第1部　丘と岡が明かす天孫降臨

　ベクトルGは天草の南端にある高取山G1から、島原半島の普賢岳を経て、高天原と考えた三角域をかすめ、直方市の鷹取山G2に延びる長いベクトルです。天草や島原も当時は、魏志倭人伝に旁国と記すように、倭国の一部だったのでしょう。この地域でも、東征が決まると人が集められ、やや遅れて三角域に集合し、その後、直方市の鷹取山G2方向に進んだ隊があったことを、記録したものと考えます。これが本隊で、このことが記紀に記されていないため、その後の議論を生んだと推測します。おそらく東征の最中に亡くなった、長兄の五瀬命の隊だったため記載がないのでしょう。

　ベクトルHは築肥山地の南から始まっていて、南に進んだベクトルです。その目的地、鷹取山H2は高千穂峰の麓にあって、ここは神武が生まれ育った地との伝承が残ります。神武の幼名、狭野命と同じ狭野の地名や神武を祀る狭野神社があり、神武と関係の深い場所です。表紙カバーの画像付近です。このベクトルHは、倭国連合で東征を決めた神武が、筑肥山地を越え、生まれ育った日向に一旦戻ったことの記録と比定しました。地元の大隅や日向で兵を集めるなど、東征の準備のためでしょう。すると、このベクトルは邪馬台国の南にあった狗奴国の比定地、熊本平野を通過していて、魏志倭人伝が記す邪馬台国と狗奴国の戦いは、どうなったのだろうという疑問が生まれます。その答えは、前著の「たかとりが明かす日本建国」では、解けませんでしたが、この書の第2部の中で解けてきました。

　ベクトルSは、西都原の男狭穂塚古墳横にある高取山S1から、

第 1 章　高千穂峰

宇佐神宮の南西にある鷹取山 S2 へ、南北に延びていて記紀が記す、東征最初の行程と比定できます。記紀では、東征は船で出発したと記していますが、その出港の伝承地、美々津は北東 30km ほどにある入り江です。美々津に向かう前は、西都原を出発したことが分かります。しかも、ベクトルは船の航路を意識したように見えないので、東征隊に陸上隊があったことを想像させてくれます。

到着地の宇佐は、記紀に登場し宇佐津比古が足一騰宮（あしひとつあがりのみや）を作り、神武を歓待したところです。

宇佐を経た後、神武東征が直ちに瀬戸内海を東に進まず、北九州の「竺紫の岡田宮」に迂回したと記していて、その理由が謎となっていました。この「竺紫の岡田宮」迂回は東征本隊との合流であったことが見えてきます。

このように、九州に残る 6 ベクトルにより立てた仮説、「神武兄弟は東征出発以前に、高天原に出向いて倭国連合を相談した」という行動が、古事記に記されているように読み取れます。

古事記は東征出発について、「すなはち日向より發たして筑紫に幸行でましき。故、豊国の宇沙に到りましし時、……」と記していて、これを順次式に読めば、まず筑紫に行ったことになります。迂回先の「竺紫の岡田宮」は、「筑紫」と異なる「竺紫」を使用しているので、目的地を最初に記したのでないことは明らかです。宇沙についても豊国のとしていて、この最初に記す「筑紫」は、ベクトルが形成した朝倉の三角域 T と比定できます。

第1部　丘と岡が明かす天孫降臨

倭のクニグニは東征に参加した

　倭のクニグニが、東征に参加したことも記録されていました。地図3は北部九州の「たかとり山」分布図に、「○尾山」を追加しています。○には異なる文字が入り、「たかと

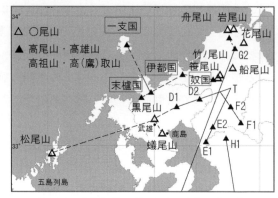

地図3　北部九州の「たかとり山」と○尾山

り山」のベクトルを補佐しています。「○尾山」の中でも「高尾山」は、特別に意識された山で、全国に高雄山や鷹尾山を含めて56見つかりました。

　魏志倭人伝に記す一支国の壱岐と末櫨国比定地の唐津に「高尾山」が見つかります。伊都国比定地の糸島市には、同じ「高」が付く山名の「高祖山」があって、「世王在り」「一大率」がいたと記すように、特別な国であることが分かります。

　このように、神武東征や日本武尊東征の経路に沿って「タカ型地名」があることを、井上赳夫が『日本古代文明の謎』（大陸書房）で述べています。その例は豊後高田や熊野の高田で、東征で潅漑稲作を伝えたところとしています。

　奴国比定地の春日市、不弥国比定地の宇美町付近には大宰府市の「高雄山」があります。ここの「尾」が異なる「雄」となっているのは、経路の区切りのためと思われます。これらのクニグニ

第1章　高千穂峰

も点線のように進み大宰府付近で、本隊に合流したことが読み取れます。そして近くの米ノ山峠に笹尾山・竹ノ尾山を残して、合流後この峠を越えたことまで記録していました。

その余のクニの参加は五島、武雄、鹿島に「○尾山」で記録しています。「高尾山」でないのは、魏志倭人伝に言う、旁国としての区別なのかも知れません。

若松半島の岩尾山、舟尾山を結ぶ線は、遠賀川下流の岡之水門を指し示します。山名の頭を採った岩舟は上流にある船尾山とあいまって、東征のための舟を造った記録でしょう。田川市にある船尾

写真1　位登古墳（後方は船尾山）

山の木の、川出し地と思われる場所を訪ねてみました。すると遠賀川の支流・中元寺川があり、川端近くに位登古墳がありました。写真1です。古墳時代前期の前方後円墳で、組み合わせ式箱式石棺に人骨や小型仿製・内行花文鏡1面などを出土しています。数km下ればまた糸田町の地名が見つかります。伊都国の人が木の切り出しを采配したのでしょう。ここにも神武東征と伊都国の協力の跡が見えます。

第1層の「たかとり山」が概略の進攻方向を示し、2層の「高尾山」が1層を助け、3層の「○尾山」が事跡などを記録したと思われます。真実を知る人のみに、これらの山々の命名ができた

17

第1部　丘と岡が明かす天孫降臨

と考えます。山名と、その配置から用意周到な東征だったことが見えてきます。

　一支国の都とされる原ノ辻遺跡は、弥生時代の遺跡ですが、古墳時代初期には衰退し、廃止されています。これは魏志倭人伝が記す250年頃の後、神武東征が行われ多くの人々がこれに参加し、人も減り廃止されたと推測できます。三角域Tは倭国の都で、卑弥呼が住んだところと考えます。またベクトルDとEでもって、筑紫平野全体が、邪馬台国の領域と記録したのでしょう。

高天原

　高取山・高尾山などの「高」は、高天原の高と考えます。東征は国取りでもあるが、鷹や尾を用いていることから、「取」は「鳥」に通じ、東征が「高天原の遣いの鳥」と認識していたことも分かります。「高祖山」の高祖は高天原の祖のことで、天照御大神（卑弥呼）の、出自が伊都国であることを残したのでしょう。

　地図4は三角域Tを拡大しています。約10km前後の辺の三角域は、筑紫平野の奥まったところで、扇状地形にあります。

　扇状地奥には、天照大御神を祀る美奈宜神社があります。底辺部には多重環濠が残る平塚川添遺跡があります。三角域中央にある三奈木は、各頂

地図4　現代地図での高天原

点にある3つの「木」が付く地名の高木、甘木、杷木が「高甘杷
＝高天原」と暗に示す地名と考えます。古代人らしい工夫です。

　地名学者・鏡味完二が、九州と近畿で地名の名づけ方がよく一
致していると発表していました。その後、安本美典はこの付近の
地名が同じ地形の奈良に移動しているとし、地名図を作成してい
ます。その地名図を比較すると東征後、神武が都とした橿原は、
朝倉市の三角域に位置が一致します。
　日本書紀では古語として「……高天原に千木高く……」と神武
の橿原即位を記しています。古語としているので、日本書紀編纂
の720年頃には消えていたが、古くは橿原を高天原と認識してい
たことが分かります。東征は同じ地形に、高天原を移した遷都で
もあったのです。
　橿原宮の北にある耳成山の命名は、魏志倭人伝が記す投馬国の
官・彌彌が成した建国の高らかな宣言でしょう。一方、魏志倭人

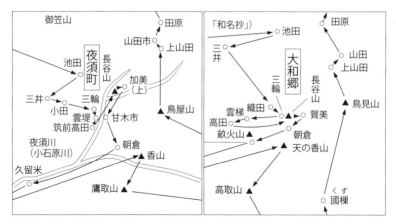

図3　九州から奈良への地名の移動（出典：最新邪馬台国論争）

伝は伊都国の王を、爾支(にぎ)だと記しています。音が近い邇邇芸命は伊都国の王だったと考えます。伊都国を出発し、朝倉の高天原を経て天降りの旅をしたのでしょう。

神武東征と倭国との連合は必然な行動

　邇邇芸命から数代を経て、神武兄弟が生まれます。ようやく東征の好機を迎えて、神武が高天原のある邪馬台国に出向き、倭国のクニグニと協力することは、必然な行動です。

　地図5は調査した陸上隊の経路を含めた、神武東征の経路をまとめたものです。岡田宮付近から岡山県の総社まで続く高尾山の直列は、偶然の配置ではないことが分かります。記紀が記す瀬戸内海を東進した記録です。

　宇佐から隠岐までの直線、隠岐から足摺岬までの直線は、陸上隊が進んだ経路の大略です。それぞれが、石見銀山、船通山(せんつう)を経ているのは、そこが重要な鉱物、水銀や鉄の産出地であることを知っていたのでしょう。

　山陰や丹波へ何度も往復して、隈なく遠征していることが見えてきます。丹後の高尾山から京都の高雄山への直線は、天の橋立の上を通過しています。あの峻険な熊野の山を越えたことも記録していました。倭国との連合を含めると、東征に7年の歳月をかけた意味も、後になって解けてきました。

　このような大変な東征を成したからこそ、絶大な力をもつ大和王権が誕生できたのでしょう。

石井好の研究

　石井好(よしみ)は大陸の玄関地だった伊都国の遺物、文字、風俗などが、

第1章　高千穂峰

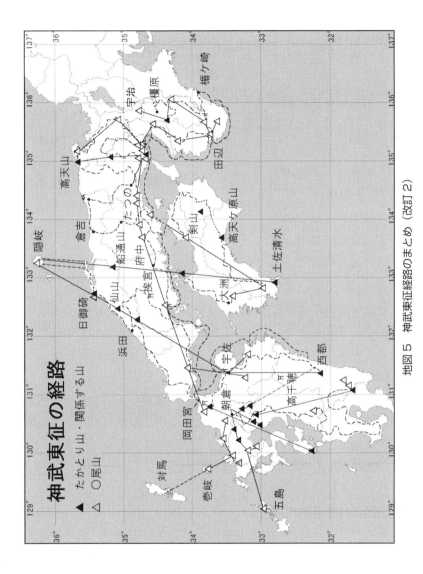

地図5　神武東征経路のまとめ（改訂2）

各地に伝播していったので、地名も伝播の痕跡が残っていると考え、調査・分析し朝倉市甘木付近が、高天原と特定し発表しています。著書は『伊都国日向の宮』(郁朋社)です。

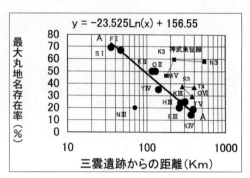

図4　九州・四国・中国の最大丸地名存在率の距離減衰

伊都国比定地の糸島市に密度高く残る、金丸、大丸、小丸といった16ほどの丸地名は、人の移動とともに伝播していくが、遠くなるほど密度はまばらになります。

　自然な伝播ではその勾配は－1乗となるが、神武東征や天照大御神の高天原への遷宮では、人移動の力が作用して－1乗勾配とならない地点が生じます。図4です。この分布密度の異常から、日向からの神武東征もあったと結論しています。

　安本美典の夜須町付近の地名が奈良に移動しているとする研究や、石井好のこの研究結果、そして「たかとり山」が明かす結果は全て地名をグループとして調査、検討して高天原の位置が一致し、神武東征もあった結論となっています。

韓国に向かう方角

　ある日、唐津の高尾山と壱岐の高尾山を結ぶ線が、朝鮮半島まで延びているかも知れないと考えました。そこで朝鮮半島を含む地図に直線を書き込んでみると、予想があたり、対馬の峰町を経て、狗邪韓国比定地の金海につながることを見つけました。地図

6です。

　驚きが続きます。直線を南に延ばしてみると、人吉市の高尾山を経て高千穂峰までも直線がつながっていたのです。高尾山の名付けは神武東征時と思われるので、東征隊もこの直線を知っていたことになります。

　直線が太平洋に抜ける場所は串間市です。串間市では直径30cmもある璧（円盤状で中心に円孔がある玉器）が出土していて、どうしてここに残したのか謎に

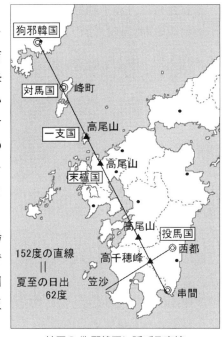

地図6　狗邪韓国に延びる直線

なっていました。串間の串はこの方角の「奇し」からと思えてきます。そしてこの「奇し土地」への畏敬の心から璧を残したのでしょう。

韓国に向ひ

　魏志倭人伝に登場する狗邪韓国から、対馬国、一支国、末櫨国を経て高千穂峰までの直線が見つかると、邇邇藝命が高千穂のくしふる嶺で詔したという、次の一節をすぐに思い浮かべます。

　「此地は韓国に向ひ、……。故、此地は甚吉き地」

邇邇藝命は、高千穂峰から狗邪韓国に延びるこの方角を知っていて、この山に登りこの一言を詔りしたのでしょう。宮崎県側の霧島東神社付近から道なき道を別けて、高千穂峰で朝を迎えたとき、眼下の山々が雲海に浮かぶ島々のように見

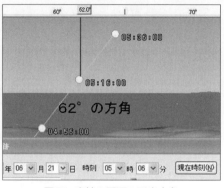

図5　壱岐の夏至の日出方角

え、このとき霧島と名づけたのでしょう。当時、山々に名前があったとは思えず、このとき狗邪韓国方向にある山に韓国岳と名づけたと考えます。

「此地は韓国に向ひ」の一言は天孫降臨の場所を、北部九州沿岸に比定する説も生みましたが、こうして高千穂峰で述べられたことに確定できる一言でもあったのです。

　この狗邪韓国から高千穂峰に至る直線の角度を山のソフト「カシミール3D」で調べると152度でした。今ひとつ驚くのは、この角度は一支国付近での夏至の日の出方角が62度だったことです。（図5）152度と62度の差90度は夏至の日の出の方角を東としたときの南北線に相当することです。高千穂峰は特別な日の南でもあったのです。

第1章　高千穂峰

くしふるは奇し日のこと

　日本書紀に記す「穂日（くしひ）」「梔日（くしひ）」から、古事記が『高千穂のくじふる嶺』と記した経緯が解けるかも知れないと考えました。そこで記述する経路のキーワード順を調べてみました。表1です。

　高天原の磐座（いわくら）を離れて高千穂峰に至るまで、通しの道程を記しているのは、古事記、日本書紀本文と一書第一と第六です。そして古事記の内容の元が一書第一に見えます。さらに古事記の道程だけは、「浮橋」と「浮じまり」のワードが高千穂より先にあります。これは一書第四で浮橋、浮島平と記しているキーワードを上に持ってきたように見えます。天から地上に降ったところが高千穂峰の山頂なのに、高千穂峰の後に浮橋があるのはおかしいと考えたのでしょう。

　日本書紀の本文も一書第一〜六を参考にまとめられた文章に見えます。「梔日」「二上峯（ふたがみのたけ）」「添の山峯（そほり）」のキーワードが第四、六の書にあり、こちらの表現がより具体的です。「くじふる」の表現は意味が今ひとつ不明で、いろいろな解釈が生まれています。「くじふる」は「くし日」から転化したと考えます。「くじふる嶺」は、夏至の日の「奇し日の方角にある嶺」の意味なのでしょう。

第1部　丘と岡が明かす天孫降臨

表1　天孫降臨の行程記載キーワード順

	古事記	日本書紀				
		本文	第一	第二	第四	第六
1	石位	磐座	磐座			
2	たな雲	八重雲	八重雲			八重雲
3	押し分け	押ひらき	押しわけ			押しわけ
4	道別き	道ふみ分	道ふみ分			
5	浮橋					
6	浮じまり					
7	竺紫		筑紫			
8	日向	日向	日向	日向	日向	日向
9		襲			襲	襲
10				穂日		
11	高千穂	高千穂峯	高千穂	高千穂峯	高千穂	高千穂
12	くじふる	穂日	穂触峯		扼日	
13		二上			二上峯	添の山峯
14		梯子			浮橋	
15		浮島平			浮島平	
16		痩せた		痩猪	膂宍	
17		不毛地		胸副国	空国	
18		丘続き		丘続き	丘続き	
19		吾田国長屋		浮渚在平	吾田長屋	吾田
20		笠沙崎			笠沙の崎	笠沙前崎

高千穂峰に登る

　古代を訪ねる九州の旅で、高千穂峰に登ったことがあります。新燃岳の噴火が始まり、狂牛病も発生し大変な時でした。霧島神宮から出発して木漏れ日の森の中、舗装された道路を車でしばらく登ると、開けた高千穂河原に出ます。写真2です。車を降り登山です。

写真2　高千穂河原

　砂利の参道を200mほど進むと森林限界も近づいたところに、一段高い広場があり、霧島神宮の天孫降臨神籬斎場の表示があります。背景には両端が高くなった形のよい山が見えます。

　斎場横から登山道に入りしばらく進むと、赤い土と岩でなる急な登りになります。多くの人が岩に張り付きながら登っていくのが見えます。登りきると先ほど斎場の背景に見えた山、「御鉢」の噴火口が見えてきます。高く見えた山の両端は、噴火口縁の両端でした。火口の端を進むと高千穂峰が見えてきました。一旦、御鉢の外縁を下り広場のようなところを通り、登り返します。登りきると山頂の石積みのなかに天之逆鉾が突き刺さっていました。巻頭扉ページの画像です。天孫降臨の際に置かれたとの伝承があります。明治維新の志士、坂本竜馬が抜いたとの伝承もあります。

　噴火したばかりの新燃岳が

写真3　御鉢の先の高千穂峰

近くに見えます。韓国岳など遠くの山々も青空の下、良く見えて霧の島には見えませんでした。

この旅の思い出の風景が、記紀に記す高千穂峰から後の道程とよく一致していることが分かりました。地図7に付近を表示します。

地図7　高千穂峰付近の地図

●背門丘(せとお)を天の浮橋と記す。

宮崎側から高千穂峰に登った邇邇藝命一行は、高千穂峰から一旦下り、御鉢につながる鞍部を通ります。ここは背門丘と呼ばれていて、鞍部の両側が雲海であったなら、天に浮かぶ橋に見えたことでしょう。天空から降りる橋ではないので、高千穂峰の後の道程に記されて当然なのです。

●御鉢を二上峯、添の山峯と記す。

添(そふり)の山峯を音の似た、韓国のソウルにある山に比定する説もありますが、そうではなく高千穂峰に寄り添うようにある御鉢だったのです。神籬斎場から見える御鉢は、両端が立ち上がった姿で神々しく、別名を二上峯と呼ぶにふさわしい山です。

●急な岩場の登山道を梯子と記す。

　御鉢から下りる岩場の登山道を、後ろ向きに岩に掴まりながら下りる姿は梯子を下りる姿に似て、ここを日本書紀本文で梯子と記述していることが分かります。

写真4　登山道

●神籬斎場付近を浮島平と記す。

　登山道を下りたところの神籬斎場は、霧の中を下りてきた人には浮島に見えたのでしょう。霧が晴れて後方に見える御鉢は神々しく、祭祀するにふさわしいところです。今は霧島神宮の古宮址と呼ばれています。

此地は甚吉き地

　夏至の152度の直線の高千穂峰を中心に、直角に東西の線を描くと、東は西都市で西は笠沙町の野間岬に至ります。地図6です。この両側の地域を「笠沙の御前を眞来通りて、朝日の直刺す国、夕日の日照る国なり。故、此地は甚吉き地」と述べたのでしょう。宮崎側が「朝日の直刺す国」、笠沙町側が「夕日の日照る国」です。

　ところで、記紀は邇邇藝命が天の磐座を離れ、高千穂峰に至るまでを一連の行程で記していますが、一書第二・第四は高天原からでなく日向からの道程で記し、高千穂峰を経て笠沙に至ると記しています。天孫降臨は、高天原出発から、高千穂峰を経て、笠沙までが一連の行程ではないように思います。日向で一旦留まっ

たのではないでしょうか。次のことからうかがえます。

　古事記では出雲の国譲りがなり、天照大御神の子、忍穂耳命を降らそうとしたところ、孫の邇邇藝命が生まれたので邇邇藝命を降らすことにしたと記します。一方、日本書紀では邇邇藝命を真床覆衾で包んで降らせたと記しています。真床覆衾は誕生した皇子を包む夜具のことです。まさか乳飲み子を降らしたのではないでしょうが、まだ少年であったと考えます。一方、高千穂峰から下り、笠沙では木花之佐久夜比売と出会い、子を儲けていることから高天原を離れて高千穂峰に登るまでに、少年が大人になるまでの時間、10年近い年月があったと思われます。

　邇邇藝命は、この10年で宮崎に投馬国を建設していたのではないかと考えます。その都が西都市妻町付近と考えます。

魏志倭人伝に記す方角

　先ほどの地図6の狗邪韓国に延びる直線に、倭国の都の朝倉などを付け加えてみました。地図8です。

　魏志倭人伝は対馬国から一支国への渡海を、「また南に一海を渡る」と記

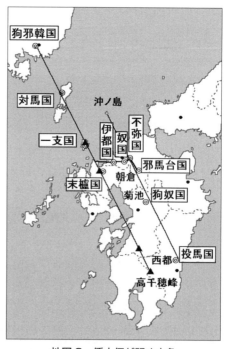

地図8　倭人伝が記す方角

第1章　高千穂峰

しています。しかし、地図で分かるように、対馬の東端から南に進んでも一支国（壱岐）は外れてしまいます。152度の方位を南と記していることが分かります。紀行文の途中から方角基準を変えては位置が分からなくなります。そこで上陸後も、この基準で行程の方角を記録し続けたのでしょう。この太陽の南天を南としない基準が、その後の混乱を招いてしまいました。

　地図8を傾けて、南北を152度に合わせてみてください。上陸後の「東南伊都国」「東南至奴国」「東行不弥国」それぞれの比定地、糸島市、春日市、宇美町で合っています。さらに、不弥国から「南至投馬国」の西都市も該当し、ここを都とした理由も高天原の奇し日の南だったからでしょう。なぜなら、この方角の南の浜近くに、阿波岐原があるからです。伊邪那岐命が禊をしたと伝わる御池が、今も残っています。写真5です。

　記紀によれば伊邪那岐命は、出雲で伊邪那美命の遺体を見て、変わり果てた姿に驚き逃げ帰ります。禊は「筑紫の日向の橘の小門の阿波岐原」で穢れを落とすため水を浴びた行為です。

　天孫降臨が行われる前に、伊邪那岐命が出雲から戻って、ここ宮崎で禊をするのは位置的に不自然です。もう1つの候補地・福岡市西区にある小戸神宮付近が、禊の場所と考えられ、これなら経路として納得できます。近くの室見川の名も、黄泉の国を訪ね、室の中で伊邪那美命のふくれ上っていた死体を見てしまった禊の原因を残したものと思われます。

写真5　禊伝承池

第 1 部　丘と岡が明かす天孫降臨

　邇邇藝命は新しい国の都に入るにあたり、御池が伊邪那岐命の禊の場所から、夏至の南の方角に位置することから、伊邪那岐命にならい、ここで体を清めたと考えます。
　禊の方角を示す禊石がこの方角を示していました。禊した後、一ツ瀬川を船で遡り西都に入ったのでしょう。西都市妻付近には、邇邇藝命が船に乗って着いたところという御船塚が残っています。
　このように「南至邪馬台国」の朝倉市、「其南狗奴国（くなこく）」の比定地の菊池市など、全てが152度の方角基準で整合しています。畿内に邪馬台国が比定される原因となった方角問題も、この夏至の南が解決してくれました。また魏志倭人伝が記す、正始元年の魏使来倭の際には、すでに投馬国があったことから、この天孫降臨は正始元年（240年）以前であったことが分かります。
　狗奴韓国から高千穂峰に延びる線を、第一南北線とし、不弥国から西都に延びる線を、第2南北線とします。そして、この第2南北線を北に延長すると、沖ノ島がありました。地図8です。
　天照大御神はこの沖ノ島の奥津宮に、多紀理毘売命（たぎりひめのみこと）を派遣しています。なぜこの離れ島に派遣したのだろうと思っていましたが、ここは高天原から見て、夏至の日の真北だったのです。この「奇し」島への畏敬が、多くの鏡などの奉納となり、海の正倉院として残ることになったのでしょう。

第 2 章　丘と岡

頓丘

　日本書紀は高千穂峰を下りた邇邇藝命が、笠狭碕(かささのみさき)に向かう道程を次のように記しています。
「そ宍(しし)の空国(むなくに)を、頓丘(ひたお)から国覓(くにま)ぎ行去りて、吾田(あた)の長屋の笠狭碕に到る。」

　ここで、頓丘の頓は「いちずなさま。ひたすら」を意味することから現代訳では「痩せた不毛の地を丘続きに歩かれ、良い国を求めて、吾田国の長屋の笠狭碕にお着きになった。」と訳しています。（全現代語訳　宇治谷孟）
　この「丘続き」の意味を具体的に考えてみました。高千穂峰のような高い山を下りる場合、谷に入らないよう尾根道伝いに下ります。邇邇藝命を祀る霧島神宮もこのような位置にあり、高千穂峰からこの尾根伝いに下山したと考えます。
　しかし、この先も「丘続き」を尾根伝いに歩いたと解釈すると、向かった笠狭碕までは直線距離にして 70km もあります。尾根は続いておらず、もしこれを強行すると一旦、平地に下り、また道もない山々を無数に越えていくことになります。
　もう少し現実的に考えてみました。高千穂峰で霧島や韓国岳と名づけたように、当時は山々に区別する名前もなかった時代と思われます。そうすると「丘」という名を、歩いた道の横に名づけながら進んだのではと考えてみました。
　そこで地図を開き高千穂峰付近をみると、文字岡や虎ヶ尾岡と

いう山が見つかります。文字岡山と山が付加されていないようです。さらに、さつま町に向かう道沿いに、「岡」と付く名の山がいくつも見つかります。頓丘の「丘」と付く山がないのかと心配になりますが、田原丘(たばるがおか)が見つかります。笠狭碕とされる野間半島にも、丘と岡と付く山があります。異なる文字の「丘と岡」があり、長い年月の間に、丘が岡に変化したのかと、考えたりもします。さらに、大隅半島にも見つかります。記紀は高千穂峰から笠狭碕に向かったとしか記していないので、天孫降臨とは無関係かと不安になります。

　いずれにしても国土地理院のサイトで、「岡」も含めて「丘」という山は全国的にあるのかどうか調査することにしました。

　表2がその結果です。北海道にある丘を除くと53の「丘」または「岡」と付く山が見つかり、内46までも南九州の宮崎県と鹿児島県に集中していることが分かりました。何か期待できそうです。南九州には、まるで山を丘や岡と呼ぶ慣習があるかのように見えますが、調べると丘や岡は一部で、ほとんどの山は山や岳が使われていました。

　No1の「国見が丘」は天孫降臨の候補地になっている、高千穂町にあります。この国見が丘には邇邇藝命が国見をした伝承があるので、朝倉の高天原を離れた邇邇藝命は、この高千穂町を経由して、宮崎平野の西都に向かった足跡と考えました。

　丘から岡へ歴史の中で変化したのでなく、使い分けたものであれば、その謎解きに興味がわいてきます。陣の文字が付く山も、いくつか見つかります。戦いでもあったのでしょうか。興味はつきません。

第2章　丘と岡

表2　日本全国の丘または岡と名の付く山（1）

No	山名	標高 m	所在地付近の地名	緯度	経度
1	国見が丘	513	宮崎県西臼杵郡高千穂町押方	32/43/16	131/16/47
2	虎ヶ尾岡	510	鹿児島県霧島市霧島大窪	31/49/56	130/51/59
3	文字岡	700	鹿児島県霧島市霧島田口	31/52/14	130/51/31
4	二牟礼岡	377	鹿児島県霧島市横川町下ノ	31/52/22	130/41/20
5	雨祈岡	398	鹿児島県霧島市横川町中ノ	31/52/26	130/41/03
6	丸岡	354	鹿児島県霧島市横川町上ノ	31/53/34	130/40/22
7	鏡ヶ岡	413	鹿児島県霧島市横川町上ノ	31/54/04	130/39/30
8	貝吹岡	568	鹿児島県霧島市横川町上ノ	31/53/18	130/38/01
9	茶屋ヶ岡	565	鹿児島県薩摩郡さつま町永野	31/54/36	130/36/22
10	有年ヶ岡	212	鹿児島県薩摩川内市祁答院町	31/53/39	130/32/00
11	田原丘	268	鹿児島県薩摩郡さつま町田原	31/54/01	130/29/15
12	弥三郎ヶ岡	281	鹿児島県薩摩郡さつま町船木	31/53/49	130/28/08
13	須杭岡	240	鹿児島県薩摩郡さつま町二渡	31/52/05	130/24/39
14	小毛野岡	164	鹿児島県薩摩川内市樋脇町	31/50/37	130/24/18
15	今村岡	186	鹿児島県薩摩川内市田海町	31/52/03	130/18/49
16	火立ヶ岡	348	鹿児島県いちき串木野市上名	31/44/21	130/17/42
17	陣ヶ岡	201	鹿児島県いちき串木野市荒川	31/44/20	130/14/38
18	鳶ヶ岡	322	鹿児島県鹿児島市郡山岳町	31/42/38	130/26/43
19	餅ヶ岡	256	鹿児島県鹿児島市郡山岳町	31/41/16	130/26/58
20	劔ノ岡	225	鹿児島県姶良市平松	31/42/21	130/35/55

第1部　丘と岡が明かす天孫降臨

日本全国の丘または岡と名の付く山（2）

No	山名	標高 m	所在地付近の地名	緯度	経度
21	牟礼ヶ岡	552	鹿児島県鹿児島市宮之浦町	31/40/14	130/35/50
22	牛頭野岡	305	鹿児島県日置市吹上町田尻	31/31/56	130/22/46
23	甚九朗岡	250	鹿児島南さつま市笠沙町片浦	31/24/16	130/10/43
24	乗越の岡	328	鹿児島南さつま市笠沙町片浦	31/25/47	130/09/39
25	西の丘	360	鹿児島県南さつま市笠沙町	31/22/45	130/10/55
26	亀ヶ丘	387	鹿児島県南さつまし大浦町	31/21/32	130/12/37
27	辻風岡	186	鹿児島県南九州市頴娃町	31/18/06	130/26/03
28	横堀の岡	413	鹿児島県肝属郡錦江町	31/12/52	130/52/54
29	陣ノ岡	482	鹿児島県鹿屋市	31/18/09	130/50/44
30	霧島ヶ丘	174	鹿児島県鹿屋市野里町	31/21/03	130/48/50
31	草野丘	268	鹿児島県曽於郡大崎町野方	31/28/35	130/57/47
32	宇都丘	179	鹿児島県志布志市有明町蓬原	31/29/16	131/00/33
33	岳野丘	274	鹿児島県志布志市有明町	31/30/26	131/02/31
34	登見ノ丘	466	鹿児島県鹿屋市輝北町市成	31/35/28	130/50/58
35	狐ヶ丘	557	鹿児島県霧島市福山町福地	31/36/56	130/49/15
36	惣陣が丘	484	鹿児島県霧島市副山市福山	31/40/33	130/50/35
37	陣が岡	430	鹿児島県曽於市財部町南俣	31/40/55	130/54/47
38	大野岡	552	宮崎県都城市豊満町	31/40/56	131/07/11
39	霞ヶ丘	349	宮崎県西諸県郡高原町後川内	31/55/19	131/02/51
40	土然ヶ丘	589	宮崎県小林市野尻町東麓	31/59/19	131/06/03

日本全国の丘または岡と名の付く山（3）

No	山名	標高m	所在地付近の地名	緯度	経度
41	霞ケ丘	356	宮崎県小林市野尻町三ケ野山	31/58/03	131/02/34
42	城ノ岡	365	宮崎県小林市東方	31/58/46	131/01/21
43	八幡丘	423	宮崎県えびの市原田	32/02/33	130/53/28
44	鳶巣丘	384	鹿児島県伊佐市大口小木原	32/06/16	130/36/36
45	鳥神岡	404	鹿児島県伊佐市大口平出水	32/04/10	130/34/47
46	黒崎丘	259	鹿児島県出水郡長島町獅子島	32/16/52	130/13/39
47	城ヶ岡	330	兵庫県三田市福島	34/55/16	135/12/57
48	雙ケ岡	116	京都市右京区御堂双岡町	35/01/28	135/42/47
49	石堂ケ岡	680	大阪府豊能郡豊野町	34/53/14	135/30/03
50	天樫丘	148	奈良県高市郡明日香村豊浦	34/28/47	135/48/55
51	君ケ岡	59	宮城県刈田郡七ケ浜町	38/18/16	141/04/20
52	陣ケ岡	136	岩手県紫波郡紫波町	39/34/13	141/08/31
53	迦陵嚬伽岡	215	岩手県一関市	38/56/15	141/19/12

緯度、経度は「世界測地系」の北緯・東経を度／分／秒で表しています。

南九州の丘と岡の分布

　1つ離れた高千穂町の「国見が丘」を除いて、南九州にある丘と岡を地図9に表示してみました。

　高千穂峰から薩摩川内市に向かって、岡が続いて見えるので、「虎ケ尾岡」から順に、番号を振ってみました。結果は逆「の」の字の形となりました。

第1部　丘と岡が明かす天孫降臨

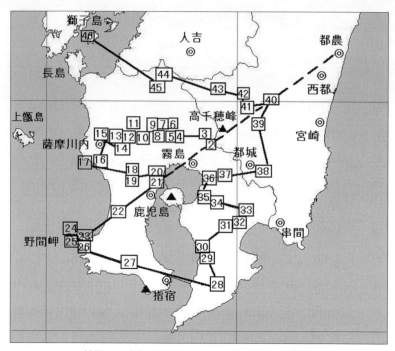

地図9　南九州の丘または岡と名が付く山の分布

　また、点線を書き加えたように21, 22, 23の直線が高千穂峰に向かっていて、さらに39, 40, 41がつくる矢印の先は西都付近を指し示しているように見えます。「笠沙の御前を眞来通りて、朝日の直刺す国、夕日の日照る国なり。故、此地は甚吉き地」の一言を思い浮かべます。天孫降臨の足跡であることに自信がわいてきます。
　高千穂峰を下りた邇邇藝命が笠沙の御前に向かった経路に見えますが、その経路は高千穂峰や西都を強く意識したもののようです。薩摩川内市から、いちき串木野市に至った後、この方角を意

第 2 章　丘と岡

識しあえて姶良市(あいら)の方角に向かったのでしょう。

　姶良市から鹿児島市に向かう竜ヶ水の難所の山越え付近に2つの岡を残しています。「劒ノ岡(けん)」と「牟礼ヶ岡(むれ)」です。笠沙の御前（野間半島）には4つもの丘と岡があります。明らかにここに向かっています。方角に対するこだわりを強く感じます。

　この野間半島の先の「乗越の岡(のりこし)」までは「岡」続きとなっていますが、先端から引き返す南側では「丘」に転じています。一旦目的を達した意味なのでしょうか。この山の配置には、天孫降臨後の経路のみでなく、いろいろな意味が含められているように思います。

　そこで日本書紀が記すように、丘続きに山々を訪ねて見ることとしました。九州の桜に出会うよう3月半ばの出発です。

丘と岡を訪ねる旅へ

　都城盆地に入ると表2で取り上げなかった、丘や岡と名づけられた公園や山が多いことに気づきます。徳岡山、母智丘(もち)、陣ヶ岡山等です。陣ヶ岡山は都城市から霧島市に向かう街道沿いにあって、高千穂峰が近くに見えます。（写真6）邇邇藝命の一行は全員が高千穂峰に登ったのでなく、本隊はこの街道からサポートしていたことが想像できます。

写真6　陣ヶ岡山付近から見た高千穂峰（右が都城側）

39

[2] 虎ヶ尾岡（とらがおおか）

　虎ヶ尾岡も高千穂峰の眺望が素晴らしいところです。距離が高千穂峰まで8kmしかなく、邇邇藝命をサポートする部隊は、この山に登り烽火や鏡の光で下山方向を知らせたのでしょう。

　ここでは高千穂峰からの下り道の、天の浮橋とする背門丘（せと）あたりが良く見えます。先の陣ヶ岡山は都城側からの登山道が良く見えるので、場所を変えて最適な位置でサポートしていることが分かります。また陣ヶ岡山は邇邇藝命が高千穂峰に登っていて、通過経路でないので厳密に区別して山を付加したのかも知れません。

写真7　虎ヶ尾岡より

　虎ヶ尾の名づけは、野間岬の［23］甚九朗岡から西都に向かう直線が、この虎ヶ尾岡を通過していて、干支でいう虎の方角の意味なのでしょう。

[3] 文字岡（もじおか）

　文字岡からは邇邇藝命一行が下山する、尾根道が見えます。烏帽子岳の中腹に名づけているので、この場所でなければならなかったことが分かります。日本書紀で梯子と記した、岩場の下山をサポートしたのでしょう。

　文字岡という名前は、山中にある岩の隙間に文字のようなものが見えるためです。この時見つけたのでしょう。西暦57年、漢

第 2 章　丘と岡

の光武帝から下賜されたとされる金印「漢委奴國王」が志賀島で発見されています。したがって西暦 200 年頃

写真 8　文字岡付近から見た高千穂峰

と考える天孫降臨の際に、漢字による文字岡などの名づけも不思議ではありません。

　この先、旧隼人町方面に向かったと考えますが、霧島川沿いに下りる道と、山腹を迂回するようさらに西に進み、天降川沿いに下りる道が考えられます。
「そ宍の空国を、頓丘から国覓ぎ行去りて、吾田の長屋の笠狭碕に到る。」と記す経路をもう少し、詳細に知りたいものです。霧島神社駅付近に「猿田彦命の住居跡」伝承があるので、こちらを経由したと考えます。山だけでなく地名にも丘や岡が名づけられたのは都城市だけではないようで、霧島市の国分剣之宇都町付近にも平岡の地名が見つかります。ここでは詳細な検証を後にしてまず、丘と岡の全容を訪ねて見たいと考えます。

[4] 二牟礼岡（ふたむれおか）**[5] 雨祈岡**（あまりのおか）
　この 2 つの岡は、峠道を挟んで 400m ほどで近接しています。旧隼人町から戻り、この 2 つの岡の間を越えたことを残したのでしょう。牟礼とは山や岡の意味で、二牟礼岡の名づけは雨祈岡と自身を指しているのでしょう。雨祈岡は田植えのための雨

41

第1部　丘と岡が明かす天孫降臨

を祈った意味かも知れません。

写真9　二年礼岡と雨祈岡

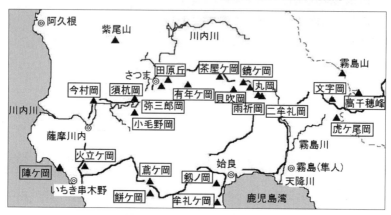
地図10　さつま町付近の経路

[6] 丸岡（まるおか）

峠の先で左折して、さつま町方面に向かう道の横にあります。ここを通ったことを示しています。その名のとおり丸く見える標高差30mほどの小さな小山で麓は公園になっていました。

写真10　丸岡

[7] 鏡ヶ岡（かがみがおか）

天降川の源流域のここに鏡でも埋めたのでしょうか。近くには山ケ野金山跡や永野金山史跡があり、金や銀を産出していたとのことです。一行はここに鉱石が産出することを分かっていたかも知れません。

写真11　鏡ヶ岡

[8] 貝吹岡（かいぶきおか）

貝を吹きながら列を成して進めば、木々に隠れた邑々に一行の行列が伝わります。集まった人々には、見たこともない驚きの光景だったでしょ

写真12　貝吹岡

う。こうして灌漑稲作を伝えていったのでしょう。これこそ日本の夜明けの風景だったのかも知れません。同じ名の「貝吹山」が奈良県橿原市と伊勢市、さらには山形県、青森県に見つかります。世代を経て伝えられた名であることを考えさせてくれます。

[9] 茶屋ヶ岡（ちゃやがおか）

お茶が伝わったのはもっと後世とされているので、ここに茶屋が登場するのはなぜでしょう。後の時代に岡と名づけられた山もあるのでしょうか。中国では紀元前から飲料に茶が用いられており、この時代すでに茶の文字が伝わっていても不思議ではありま

せん。また文字が伝われ
ばその意味も同時に伝
わっていたと考えます。

写真13　茶屋ヶ岡（永野駅跡にて）

[10] 有年ヶ岡（ゆうねんがおか）

　祁答院町(けどういん)の道路横にある標高差60mほどの小さな山です。付近はこのような山々が点在し、豊な水田が広がります。この山間部にも稲作を伝えたことが分かります。有年とは旅の日程なのか、現代の人には使われない熟語です。

写真14　有年ヶ岡

[11] 田原丘（たばるがおか）

　画像の道路が指し示す方角が田原丘の山頂部です。麓は川内川(せんだい)と穴川が交わる付近に広がる平地で、田んぼに適した原という意味でしょう。高千穂峰から野間岬に至る間で、この山だけが丘を使用しています。特別な意味なのか、長い年月で変化したのでしょうか。この丘と岡の違いについては、旅のなかで謎が解けました。

写真15　田原丘

[12] 弥三郎ヶ岡（やさぶろうがおか）

人の名前のようです。[23] 甚九朗岡でも人の名前が登場します。天孫降臨に参加していた人なのでしょうか。記紀に登場する神々でも、めったに山の名前に名が登場す

写真16　弥三郎ヶ岡

ることはありません。何を成した人なのか、どのような意味があるのか分かりません。ただ共通するのは、数字と朗があることです。そして数字の前に異字が付いています。

[13] 須杭岡（すくいおか）　[14] 小毛野岡（こげのおか）

さつま町宮之城から6kmほど南に下がると、この2つの岡があります。川内川を挟んで3kmほどしか離れておらず、ちょうどここは川内川が、何度も大きく蛇行するところです。この川内川の地形を意識した名づけと考えました。絶えず山や川の地形、産物を意識した旅であることが分かります。

写真17　須杭岡

写真18　小毛野岡

第1部　丘と岡が明かす天孫降臨

[15] 今村岡（いまむらおか）

川内平野入口付近にあり、珍しく内陸の川畔に白浜の地名が見つかります。この春（2015年）古代の航路を訪ねる旅を計画し、なぜここに白浜があるのか知りたくて、再びここを訪ねました。白浜町の人にお聞きす

写真19　今村岡

ると戦後まで、河畔には渡し船があり栄えていたとのことで、今はない渡し場跡を案内していただきました。邇邇藝命は、この付近で川内川を渡ったと考えました。そのとき白浜や今村岡の名づけがあり、古代からの渡し船の岸になったのでしょう。

[16] 火立ヶ岡（ひたちがおか）

いちき串木野市の北東にあって、周囲は金や銀を産出する鉱脈がたくさんあったとのことです。邇邇藝命隊も鉱物の産出を分かっていての、この名付けかも知れません。

同じ読みの常陸国の名づけ

写真20　火立ヶ岡

理由について風土記は、いくつか記しています。日本武尊が袖を泉に浸したからとの理由も1つですが、日本武尊は邇邇藝命が火立ヶ岡の名を付けたことを知っていたのではないでしょうか。この先でも、日本武尊東征に古代の記憶の反映を思い起こさせてくれます。

鹿児島県には、串の付く地名がいくつかあります。串木野の町名由来は良く分からないとのことです。串間の串を「奇し」と考えたように、串木野は「奇しき野」と考えたのかも知れません。方角の「奇し」は見つかりませんでしたが、金を産出する火立ヶ岡を見つけていたならば、「奇しき野」でも不思議ではありません。

[17] 陣ヶ岡（じんがおか）

なぜ陣と付く岡が、いくつも登場するのか、推理することも旅の楽しみでした。

川内川河口の小高い丘の上に船間島古墳があります。古い伝承では邇邇藝命を水先案内した、船間島十郎という人を葬ったとのことです。川内川河口の先には甑島（こしきじま）があります。邇邇藝命を甑島に案内した人かも知れません。船を造り渡っていたのでしょう。

写真21　陣ヶ岡

そして陣ヶ岡を訪ねると串木野新港近くにあり、甑島へのフェリーがこの港より出ていることが分かりました。邇邇藝命の甑島への渡海は、ここより出港し近くの陣ヶ岡山頂より渡海をサポートしたのではと考えました。高千穂峰登頂の際にサポートしたのが陣ヶ岡山でした。陣は戦いでなくサポートであることが見えてきました。

陣ヶ岡から甑島が見えるのか断面図を作成することにしました。すると上甑島に遠目木山（とおめぎ）(423m)が見つかり驚きます。サポート隊の中に遠視力の良い人がいて、35km離れた遠目木山の木を

認識した人がいたのでしょう。そんな意味の遠目木山の名づけに思います。

遠視力に優れているマサイ族の人の実験では、20m

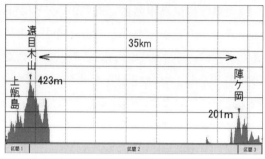

図6　陣ヶ岡～甑島間の断面

離れた7mmを認識したとのことです。35kmは20mの1,750倍なので12mを認識する能力になります。遠目木山の20～30mの木を見分けても不思議ではありません。カシミール3Dで確認すると、地球の球面の影響で71mの沈み量がありますが、201mの陣ヶ岡の山頂からは、上甑島の里港の海面が見えることが分かりました。充分サポートが可能です。

[18] 鳶ヶ岡（とびがおか）　[19] 餅ヶ岡（もちがおか）

この2つの岡は、姶良市に向かう道に置かれています。鳶ヶ岡が見える神社前の道を経て餅ヶ岡に進んだのでしょう。餅ヶ岡山頂

写真22　鳶ヶ岡

写真23　餅ヶ岡より

は平坦で、鹿児島市中心部を流れる甲突川流域が一望できます。

これから進む先を見て、餅をつき士気を高めたのでしょうか。餅は稲作の伝播とともに伝えられたとする見解があります。米から餅をつくることが可能になっていれば、携行食として旅もおおいに助かったことでしょう。この丘と岡に登場する一字一字が古代の文化を知る手がかりとなります。

[20] 剱ノ岡（けんのおか） [21] 牟礼ヶ岡（むれがおか）

写真24　剱ノ岡

写真25　牟礼ヶ岡山頂

姶良市から鹿児島市に抜ける白銀坂（しろがね）と呼ばれる古代の道があります。竜ヶ水の海辺の難所を避けた道で、薩摩国と大隅国を分けた坂とのことです。この坂の姶良市側入り口付近に剣のように立ち上がる剱ノ岡があります。また鹿児島市側に牟礼ヶ岡がありま

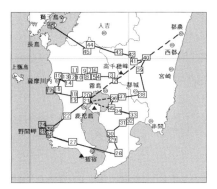

地図11　牟礼ヶ岡への集中

第1部　丘と岡が明かす天孫降臨

す。この道を意識した配置で、この時、道を拓いたのでしょう。

　ところで牟礼ヶ岡は、牟礼の意味が岡なので「岡ヶ岡」や「岡の中の岡」と解釈できます。そんなことを考えながら分布地図を見ると、大隅半島の経路も点線で示すように、この牟礼ヶ岡に集まっていることに気づきました。偶然とは思えないような集中です。地図11です。

[22] 牛頭野岡（ごんのおか）

　鹿児島市から笠沙に向かう中間、日置市の吹上浜近くにあります。牛頭天王（ごずてんのう）を須佐之男命尊にあてはめる説があります。時系列でみれば、ここに須佐之男命の故事が登場しても不思議で

写真26　牛頭野岡

はありません。日本書紀の一書に、須佐之男命は出雲に向かう前、朝鮮半島に渡ったことを記していて、このことと関係があるかも知れません。

[23] 甚九朗岡（じんくろうおか）

　この岡も人の名と思える岡です。西都から続く直線の南端になります。笠沙で出会った木花之佐久夜比売は一宿の契りで、子が生れたとのことから、邇邇藝命は笠沙に留まらず、さら

写真27　甚九朗岡（右後方は野間岳）

に先に進んだことが分かります。高千穂峰で「笠沙の御前を眞来通りて……」と詔したとおり、野間岬の先端まで行っていることを示す岡です。

[24] 乗越の岡（のりこしのおか）

乗越の岡の海側は断崖絶壁が続くことから、この山を徒歩で越えたことを記録した名づけと考えます。

当時、道なき道ながら、標高327mは大変ですが越えられるでしょう。麓にある石垣の里・片浦で乗り越える登山

写真28 乗越の岡

道の有無を尋ねると、子供の頃は登ったが今は歩く人も少ないとのことでした。

[25] 西の丘（にしのおか）　　[26] 亀ヶ丘（かめがおか）

ここを訪ねて2つの発見がありました。野間半島の南岸は絶壁の海岸線が続きます。その絶壁下の岩浜・黒瀬に邇邇藝命が上陸

写真29 「西の丘」と黒瀬浜

写真30 「亀ヶ丘」と秋目漁港

第1部　丘と岡が明かす天孫降臨

した伝承が残ります。浜に下りてみると大きな石がごろごろする海岸でした。小さな石が集まった浜がその向こうに見え、さらにその上に「西の丘」が見えたのです。次の「亀ヶ丘」を訪ねると、山下の小さな秋目の漁港から丘が見えることが分かりました。

これらの丘は、邇邇藝命の船渡りをサポートしていたことが見えてきました。この先、久志の入り江の近くに「陣ノ尾」の名の山がありました。これまで

地図12　野間半島の海渡り

「陣」は山登りや海渡りのサポートをしていました。この難所もこうしてサポートを受けて、船で渡っていたのです。

もう1つの発見は名づけです。「西の丘」の名づけが、この丘の西にある住居跡を指していたのです。ここは山の中腹、400mほどの山道に沿った岩場です。

現地の説明板では、高地を好む先住民の村に邇邇藝命がやって

写真31　「陣ノ尾」と久志浦

写真32　宮跡

きたと読み取れましたが、それでは、この狭い岩場が混乱してしまいます。

西都から高千穂峰を経て笠沙碕に続く方角を、神聖な方角と考えた邇邇藝命は、ここで一冬を過ごすことにしたと考えます。笠沙に留まらなかった理由も見えてきます。不便ながら北風を避ける南面の高台で、昇る朝日と沈む夕日に祈りを捧げたのでしょう。小さな巌上に祭祀の跡が残ります。山中の道を拓き、食糧を運び、岩を積み住居地を造るなど兵達の、生きいきとした活動を想像できます。

[27] 辻風岡 (つじかぜおか)

この付近は高原地帯の畑の中に標高差40mほどの岡が点在した風景です。近づかなければ山とは確認できません。たくさんある岡のなかで、この山を選んだ理由がどこかにあるのでしょう。旅のこの時は、風が吹き渡っていたことだけを、山上にある辻風丘温泉の風呂の中で想像しました。

この先、指宿温泉の突端に大山崎というところがあり、邇邇藝命が船を寄せた伝承が残ります。今は、近くの山川港か

写真33　辻風岡

地図13　亀ヶ丘から根占に至る直線

第1部　丘と岡が明かす天孫降臨

らフェリーで対岸の大隅半島の根占(ねじめ)港に渡れます。10数kmしか離れておらず、邇邇藝命も船で渡ったのでしょう。亀ケ丘から辻風岡を結び延長すると、揖宿(いぶすき)(指宿)神社を経て根占に至ることが分かりました。地図13です。

出港の浜は線上にある、大牟礼の浜だったのでしょうか。そして、この方角が立春の日の出の方角だったのは、とても偶然とは思えません。きっとこの日に海を渡ったのでしょう。

[28]　横堀の岡 (よこぼりのおか)

この横堀の岡は根占の同緯度にあることから、この名前かも知れません。やはり根占に渡ったのでしょう。根占からこの南、佐多岬までは30kmもありますが、邇邇藝命は進んだのでしょうか。確かな証しは見えてきません。

写真34　横堀の岡

[29]　陣ノ岡 (じんのおか)　[30]　霧島ケ丘 (きりしまがおか)

写真35　陣ノ岡

写真36　霧島ケ丘

この2つの山を結ぶと桜島を経て「岡の中の岡」牟礼ケ岡に続いていました。これまで桜島が登場しませんでしたが、この山が無視されることはないでしょう。

霧島ケ丘はなだらかな丘で、大きな公園になっていました。その山頂に登ると、霞んでいましたが霧島が見えました。

陣ノ岡は鹿児島湾の渡海をサポートした岡かと考えてみまし

地図14　陣ノ岡から牟礼ケ岡

たが、位置も登場順も異なり別な意味のようです。謎が解けたのは、[37] 陣が岡を訪ねた時でした。

[31] 草野丘（くさのおか）

邇邇藝命が通ったところが道となったのか、霧島ケ丘から草野丘に続く直線に沿って、鹿屋市のシラス台地上に道路ができています。大隅半島の中心地ですからここを通らないはずがありません。

川が削った峡谷のような下の段と、シラス台地上の上の段から見た草野丘は全く異なる風景で驚かされます。当時の草原の中にある丘を想像します。シラス台地上で見て名づけたのでしょう。

写真37　草野丘

第1部　丘と岡が明かす天孫降臨

[32] 宇都丘（うとおか）

宇都の都は伊都国の都が由来と考えます。近くの大崎町には都万神社があります。宇都の地名は関東には宇都宮がありますが、他にあまり聞

写真38　宇都丘

きません。南九州に多く集中しているようです。この付近には宇都はもちろん宇都鼻（うとんはな）や釜ケ宇都、猪ケ宇都（あべ）など多く見られます。

　この天孫降臨では山々に名を付けただけでなく、村々にも名づけることが多くあったと想像できます。他に牟礼の名も関東では聞かない名前なので、これらの分布などを調べると新しい何かが見えてくるかも知れません。別途、調べてみたいと思います。

勿体岡（もったいがおか）

　勿体岡は表2にありません。国土地理院の地図にない岡です。ここまで丘と岡の区別が今ひとつ分かりませんでした。表2をいくども眺めて、丘の数が進行方向順を表しているのではと考えていました。[11]田原丘が1山、[25]西の丘と[26]亀ケ丘では2山、続いています。ところが[30]霧島ケ丘から[36]惣陣が丘までは7山連続していて順ではないように見えました。

　あきらめていた時、7の間に忘れられた岡があれば3と4に分かれることに気づいたのです。岡があるとすれば[32]宇都丘と[33]岳野丘の間です。この間8kmばかりの間を探しても何も

見つかりません。

　壁が見つかった串間市に思いいたりましたが、岡の地名が見つかりません。もはや駄目かと思ったとき、「串間岡」のキーワード入力し、ネットで見つかったのが串間市の「勿体岡のスダジイ林」で

写真39　勿体岡

す。訪ねると「勿体岡のスダジイ林」は、中学校入口にありました。直径20mほどの小さな塚に特別な思いを託したのでしょう。スダジイはブナ科の常緑広葉樹です。

　勿体とは和製漢語で勿体ないは、物を大事にしない様を表す言葉として使用しますが、勿体を単独で考えると良く分からない概念です。串間では壁が見つかっており、夏至における日の出を東としたとき、高千穂峰の南のこの場所を、大事にしなければならない場所、神聖な場所と認識していたと考えます。勿体がずいぶん古い言葉であることと、古代人の自然の配置に畏敬する心が見えてきます。近くの串間神社由緒では、邇邇藝命の子の火遠理命（ほおり）（山幸彦）がここ串間神社に行宮をつくり、狩りをしに通ったとあります。山幸彦も特別な場所であることを知っていたのでしょう。

　これで1・2・3・4と丘の数を岡で挟んで進行方向を記録したことが分かってきました。ところが、この先は霞ヶ丘・土然ヶ丘（どぜん）・霞ヶ丘までは3、八幡丘・鳶巣丘（とびすがおか）は2、最終の黒崎丘は1と数が小さくなっています。別な隊が黒崎丘から東に進んだのでしょ

か。順ではあるが小さくした理由は、このまま大きくすると、丘の数が多くなり足りなくなるからと考えました。どれだけ足りないかを計算してみると、見つかった8個に比較し20もの丘と岡が必要になります。

これまでの全行程を振り返ると、とても1年で進める行程ではありません。野間半島の笠沙宮跡では越冬もあったと考えていました。［11］田原丘の手前が［10］有年ヶ岡となっているのは、ここまでに1年を有したという意味だったのでしょう。丘が1年の区切りであれば、数が小さくなってもよいわけで、古代人のいろいろな工夫に感心します。1, 2, 3, 4, 3, 2, 1の丘の並びは西都を出発して、全行程7

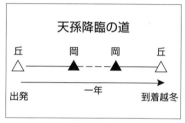

図7　丘と岡の行程概念

年を要した壮大な旅だったことが見えてきます。図7は行程概念図です。

日本書紀では神武東征は、6年を要したと記していました。これに倭国に出向いた1年を加えると7年になります。神武東征の年数が、天孫降臨の年数にあやかったもののように見えてきました。

［33］　岳野丘(たけのおか)　［34］　登見ノ丘(どげんのおか)

志布志市役所付近から岳野丘に登ります。展望がよく宇都丘が眼下に、その先は草野丘や陣ノ岡までの肝属平野が見渡せます。

勿体岡から登見ノ丘を結ぶとその先はまた、牟礼ケ岡に続いていました。この方向に進むには肝属平野と違って、姶良カルデラ

第 2 章　丘と岡

写真40　岳野丘より

写真41　登見ノ丘

の外輪山を形成する山裾の谷々を渡らなければなりません。南九州は大きなカルデラがいくつもある地形です。カルデラは阿蘇山が有名ですが、姶良カルデラは鹿児島湾北部の海が中心部です。谷に入ると道は曲がりくねり、土地勘がなければ、今でもどちらに向いて進んでいるのか全く分からなくなります。

[35] 狐ヶ丘（きつねがおか）

　道を間違えて笹の藪漕ぎの末、山頂に到着しました。当時も狐が出そうな風景だったのでしょうか。雲の上に桜島が見えました。この時は確認できませんでしたが、対岸の牟礼ヶ岡まで22kmは天孫降臨の人達は確認したことでしょう。

写真42　狐ヶ丘

[36]　惣陣が丘（そうじんがおか）

　惣陣が丘は狐ヶ丘から北に向かう道路の突きあたり、T字路の

第 1 部　丘と岡が明かす天孫降臨

ところにあります。狐ヶ丘から惣陣が丘を結んだ先は、高千穂峰を指し示しています。惣は「全て」の意味で日本独特の文字とあります。いくつかある陣ヶ岡の中心なのでしょうか。

写真43　惣陣が丘

[37] 陣が岡（じんがおか）

惣陣が丘から都城方面に向かう道路の横にありました。登ると公園となっていて大変眺望のよいところです。曽於(そお)の山々が一望にできます。晴れていれば肝属平野の先にある、陣ノ岡も見えそうです。

これら「陣」の山々は、曽於の山々の間を進む天孫降臨のサポートをしていたことが見えてきました。200～300mの山々が連なる山中を進むとき、ときどき山に登り「陣」の山からの烽火や鏡の信号を受け取ることができます。信号との距離や角

地図15　2つの陣によるサポート

写真44　陣が岡

度を確認することができます。岳野丘から曽於の中心地、大隅町岩川へは陣が岡の烽火に向かって進めば良いことになります。

天孫降臨の隊には先駆けの人達がおり、谷に入り村や鉱物など探索しながら進みますが、戻れなくなれば大変です。近くの山に登り、その角度を見て現在位置を知ることができたのでしょう。

曽於の地名由来にアイヌ・縄文語説があります。天孫降臨の兵達は「惣陣が丘」を「そう」と略して呼んでいたのかも知れません。曽於の地名もこの「惣」と関係がありそうに思います。

[38] 大野岡（おおのおか）

写真45の参道の先には天孫降臨を先導した猿田彦神を祀る興玉(こだま)神社があります。その先の三角の山が大野岡です。やはり大野岡から惣陣が丘を経て牟礼ヶ岡に延びています。全てが何かを意識しているように思います。

写真45　大野岡

西都を出発して、高千穂峰に登り薩摩半島・大隅半島を巡った邇邇藝命はここでほぼ1周したことになります。

[39] 霞ヶ丘（かすみがおか）　[40] 土然ヶ丘（どぜんがおか）
[41] 霞ヶ丘（かすみがおか）

同名の霞ヶ丘は同じ役目なのでしょう。この3つの丘の意味が解けたのは、甚九朗岡から土然ヶ丘に続く矢印の発見でした。この軸線を良く見ると高千穂峰への登山口の霧島東神社から、高原

第1部　丘と岡が明かす天孫降臨

写真46　土然ケ丘

写真47　[39] 霞ケ丘

町を経て土然ヶ丘に1本の道が延びています。天孫降臨隊がこの方向に歩いて道になったのでしょう。

　方角にこだわる邇邇藝命はこの矢印のように、ここから西都に戻ったと考えました。高岡町、国富町を経れば西都はもう近い距離です。

地図16　西都への矢印

　古事記は次のことを記しています。「故ここに天宇受売命(あめのうずめのみこと)に詔りたまひしく、『この御前(みさき)に立ちて仕へ奉りし猿田毘古大神は、専ら顯(あら)はし申せし汝(いまし)送り奉れ。……』とのりたまひき。」

　ここで別れて、猿田彦命やその部下を高天原に戻そうとしたものと考えます。その別れの場所を探しました。土然ヶ丘の南、小林市野尻庁舎付近しかないと考えて、庁舎の教育委員会を訪ねてみました。いろいろ話を聞く中、近くに大王の地名があり、神社もあるとのことです。猿田彦命を祀る高都萬(たかつま)神社で、「大王権現」

の扁額がありました。猿田彦命は大王ではないので、「大王権現」とは邇邇藝命がここに現れた意味でしょう。

　付近は窪地で、神社前の小さな川に沿って道が東と西に分かれています。東西の道が200mほどで山の端に隠れる風景は、手を振って別れるに最適の地に思えました。土然の意味もこの土地の形が別れのできごとに合っているとの名づけなのでしょう。邇邇藝命を先に送ったのか、猿田彦命を先に送ったのか分かりませんが、記紀が記す別れの光景が浮かびます。

写真48　猿田彦別れの地

[42] 城ノ岡（じょうのおか）

　邇邇藝命に別れを告げた猿田彦命は、城ノ岡と霞ヶ丘の合間を抜けて西に進みます。

　後方には、先ほど別れたところの土然ヶ丘が、まだ手を振っているように垣間見えます。再会を約束できる時代ではありません。生涯の別れとなることを覚悟しての、出発だったと思います。

写真49　城ノ岡と霞ヶ丘

第1部　丘と岡が明かす天孫降臨

[43] 八幡丘（はちまんがおか）

八幡神を応神天皇と関係付けられることが多くあります。しかし、その出自は外来の神とか、宇佐地方の地神とするなど、実態の見えない神です。八幡はこの天孫降臨で名づけがあったとしても不思議ではないように思います。

写真50　八幡丘

むしろ大幡を何本も掲げて進む、天孫降臨隊にこそふさわしい名です。道路の脇にある、この丘の上に大幡を掲げたかも知れません。邇邇藝命の母、萬幡豊秋津師比売命（よろづばたとよあきつしひめ）の名の中に萬幡の文字があります。幡に対する強い思いが当時の人にはあったのでしょう。

宇佐八幡宮は神武東征の際、この八幡丘の故事を覚えていて、加護を願った創祀と思えてきます。二之御殿の祭神・比売大神を宗像（むなかた）三女神としています。ところが南九州の八幡神社は祭神に応神天皇・神功（じんぐう）皇后に加えて神武天皇の母、玉依姫命が祀られています。

[44] 鳶巣丘（とびすがおか）

この山を探して山間に入ると大口金山遺跡の碑を見つけて、この付近で金を産出していたことを知りました。案内板では1642年に発見とありましたが、遠征隊は何かを探しあてていたかも知れません。

写真51　鳶巣丘

第2章　丘と岡

[45] 鳥神岡（とがみおか）

　伊佐市の象徴的な山で、素晴らしい山容です。このときすでに、遠征隊は、神の遣い鳥の認識があったのでしょう。

写真52　鳥神岡

[46] 黒崎丘（くろさきおか）

　黒崎丘は長島と天草の間の八代海にある獅子島(ししじま)にあります。写真53で道路が指し示す中央奥の山です。島では七朗山が最も高いのですが、なぜか島の北西、海に近いところの、尾根に名前が付いています。

　黒崎の黒で思い起こすのは、伊豆七島の御蔵島にある黒崎高尾山です。この山は日本武尊東征の副将軍・建稲種命(たけいなだね)が駿河湾沖で溺れて亡くなったときの、悲しみを表す山でした。この黒崎丘の先で悲劇があったとすると、猿田彦命を思い浮かべます。

　古事記では邇邇藝命と別れた後、阿邪訶(あざか)で漁をしているとき、比良夫貝にその手を取られて溺れたと記しています。亡くなられた阿邪訶の場所は不明です。伊勢とする説もありますが、比良夫貝がサンゴ礁に住む熱帯性の大きなシャコ貝とすると、この近海も候補になると考えます。

　黒崎丘と[45]鳥神岡を結ぶ

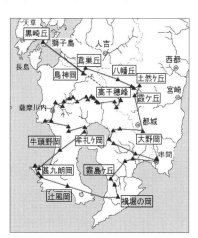

地図17　黒崎丘〜高千穂峰

第1部　丘と岡が明かす天孫降臨

とその先が高千穂峰に続いていて、この場所を選んだことが分かります。天孫降臨を先導した猿田彦命の心を残そうとして、高千穂峰に向けた黒崎丘の配置にしたのでしょう。

写真53　黒崎丘

[50] 天樫丘（あまかしのおか）

表2の一覧の「丘と岡」の中に、橿原市の天樫丘を見つけて驚きます。天樫の天は天香久山、樫は橿原の橿を採った名づけと考えていましたが、どうしてここだけが丘なのか、明日香を訪ねるたび不思議に思っていました。それが解けました。東征した神武天皇は邇邇藝命が山に、丘や岡と名づけたことを知っていたのです。そして東征の途次には混同を避けるため、丘や岡の山名を付けず、終わりの地点に邇邇藝命の心を今実現したとの意味で天樫丘と名づけたのでしょう。

それも経路の区切りの丘を使用して、東征の区切りとしています。[8]貝吹岡と同じ貝吹山が橿原にあることも納得できます。

九州の旅の帰り、このことを小倉で陶芸教室を開き、「ふるさと『朽網（くさみ）』今昔」を執筆中の先輩を訪ねて話すと、「北九州には岡之水門がある」「しかも遠賀川は、もともと岡川と言っていた」とつけ加えます。「そういえば岡田宮も岡が付く」と東征の途次「岡之

写真54　天樫丘からの二上山

水門」「岡田宮」と2つも岡を冠した記紀の記述が解けてきます。混同を避け山には名づけなかったのです。

奈良の天樫丘に寄り道しました。暮れかかった林を抜けて丘の上の広場に出ると、太陽が畝傍山に重なる二上山の向こうに沈みかけていました。『日向の高千穂の二上の峯』とは異なる二上山がそこにありました。ここ天樫丘から、二上山に太陽が沈む日が夏至の夕日であることを知ったのは、帰り着き「カシミール3D」で確認したときでした。

その他の岡

その他に「丘」はなく岡ばかりです。兵庫県、京都府、大阪府に一つずつと、東北に3つの岡が見つかっています。近畿に残る岡は神武東征で、東北は日本武尊東征で名づけられたと考えます。

日本武尊もこの岡の意味を知っていたのでしょう。日本武尊が船で北上して、上陸した竹水門付近の七ケ浜町に［51］君ケ岡があります。岩手県一関千厩にある［53］迦陵頻伽岡は、読むのが困難な山名です。調べると迦陵頻伽とは極楽にいる聖鳥で人面身鳥とのことです。「東征は神の遣い鳥」と認識していたのであれば、このような名づけも不思議ではありません。

ここで迦陵頻伽が仏教上の鳥ならば、仏教公伝を538年とすると、日本武尊東征で名づけたとするには疑問が生じます。しかし最近では仏教伝来を公伝とするように、それ以前に私的な伝来が先にあったと考えられています。中国に近い高句麗では372年には寺が建立されているので、4世紀後半と思われる日本武尊東征時の、名づけもありうることになります。

第3章　猿田彦大神

　天孫降臨のことが少しずつ分かってきました。そして、この天孫降臨を先導したという猿田彦大神のことを一層知りたくなります。

天孫降臨の伴をした人達

　天孫降臨の伴をした人達を表にしてみました。

表3　天孫降臨の伴をした人のリスト

名　前	備　考		天の岩屋戸
天児屋命	五伴緒	中臣連の祖	登場
布刀玉命		忌部首の祖	登場
天宇受売命		猿女君等の祖	登場
伊斯許理度売命		作鏡連等の祖	登場
玉祖命		玉祖連等の祖	登場
常世思金神	政事を行う		登場
手力男神	岩屋戸で活躍		登場
天石門別神	御門の神		
登由宇気神	伊勢の外宮に坐す神		
天忍日命	大伴連等の祖		
大久米命	久米直等の祖		

　五伴緒(いつとものお)とは職業集団の長(おさ)の意味です。その配下の人達も多くいたでしょう。天忍日命、大久米命は兵団の長です。その他、食料

を運搬する人、食事や寝所など身の回りの世話をする人達もいたと考えます。その数は、数百人になったかも知れません。さらに移住と同じなので、後を追う家族達もいたことでしょう。

　表3の天の岩屋戸の項に「登場」と記載した人達は、岩戸開きに登場した人達です。天照大御神と弟の須佐之男命（すさのおのみこと）が誓約（うけい）した後、高天原で須佐之男命が暴れたので、天照大御神が岩屋戸に籠もってしまいます。この時活躍した人達です。

　ここで疑問が生じるのは、五伴緒の世代です。天孫降臨が行われたのは、大国主命が須佐之男命の子の須勢理毘売（すせりびめ）と結婚し、その子の事代主命（ことしろぬし）が出雲の国譲りを了としたためと記載しています。天岩屋戸事件後、須佐之男命の孫の事代主命が大きくなるまでには、少なくとも40年近くの時間経過があったと思われます。これほどの時間を置いて五伴緒が、この天孫降臨に再登場することに疑問が生じます。この世代のズレについては、別途検証したいと思います。

　この降臨の際に三種の神器とされる、八坂瓊曲玉（やさかにのまがたま）、八咫鏡（やたのかがみ）、草薙剣（くさなぎのつるぎ）（本名・天叢雲剣（あめのむらくものつるぎ））を持参しています。日嗣（ひつぎ）の印となるもので、天孫降臨が世代を超え国運を賭けた事業であることが分かります。

　草薙剣は須佐之男命が出雲で大蛇を退治したとき、その尾から取り出されて、天照大御神に献上された剣と記しています。このことから、天孫降臨は須佐之男命が出雲で大蛇を退治した後に行われたことが分かります。高天原を追放された須佐之男命が、剣を天照大御神に献上した行為も不思議です。表向きは須佐之男命追放であるが、その後の結果をみると伊都国の出雲進出だったと考えます。

猿田毘古神

　ここに日子番能邇邇藝命、天降りまさむとする時に、天の八街にいて、上は高天の原を光し、下は葦原中国を光す神、ここにあり。故ここに天照大御神、高木神の命もちて、天宇受売神に詔りたまひしく、「汝は手弱女人にはあれども、い對ふ神と面勝つ神なり。

　故、專ら汝往きて問はむは、『吾が御子の天降り為る道を、誰ぞかくている』ととへ」とのりたまひき。故、問ひたまふ時に、答へ白ししく、「僕は国つ神、名は猿田毘古神ぞ。出でいる所以は、天つ神の御子天降りますと聞きつる故に、御前に仕え奉らむとして、参向へ侍ふぞ」とまをしき。

　古事記は、猿田毘古神の登場について、このように記しています。猿田彦大神の呼び方はいろいろあるので、以降、主に猿田彦命と記します。八街とはたくさんの道路が、交差する所という意味です。天孫が天降りしてくるということを聞き、この交差点で猿田彦命は待っていたと記しています。

　ここで疑問に思うことは、どうして通信手段も発達していない時代に、天孫がくる情報をつかんでいたかということ。そして、その交差点を通過することを、なぜ知っていたかということです。さらには、たまたま旅をしている途中、交差点付近で情報を得たと仮定しても、道案内を申し出る理由がありません。

猿田彦命の出身地

　猿田彦命の出身地を知る手がかりを、先の南九州の丘と岡を訪ねる旅で得ることができました。

第 3 章　猿田彦大神

都城市の東霧島神社を訪れたときのことです。広大な境内に鬼が1晩で積み上げたと言い伝える、長い石段がありました。その中頃に境内社があり、「猿田彦尊、別名佐田彦大神」と掲示されていたのです。

佐田彦に注目しました。佐田彦とは佐田村出身の男に、彦を付けた名前と考えました。そうだとすると佐田村を探せばよいことになります。

写真 55　別名佐田彦

ケータイでもすぐに調査は可能です。九州で次の3ヶ所が見つかりました。

①長崎県諫早市飯森町佐田
②大分県宇佐市安心院町佐田
③福岡県朝倉市佐田

①は諫早市です。飯森町には佐田岳があってその麓に位置します。佐田岳に注目したのは天孫降臨の道を訪ねる旅も終わる頃でした。
②の安心院町佐田を調べると、南北朝時代に宇都宮系佐田氏が領有した由来であることが分かりました。
③の朝倉市佐田を見つけて、先の疑問が霧散しました。朝倉市は高天原があったところです。

朝倉市に佐田が見つかったのは偶然とは思えません。地図18に示す三角領域Tの扇状地頂部にある美奈宜神社から、北東の

第1部　丘と岡が明かす天孫降臨

山間に入ること6km程X1ポイント近くに佐田村があります。ここは高木神の本拠地とされ、高木神社があります。佐田村を源流とする佐田川が、この高天原の中央を流れ下っていたのです。

高天原から6kmの距離ならば、うわさで天

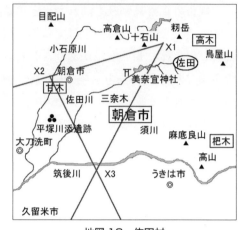

地図18　佐田村

孫降臨の話が伝わっていたかも知れません。しかしそれより、もっと高木神の裏での工作活動が感じられます。

　忍穂耳尊に子が生まれ、この邇邇藝命を天降らすことになったとき、山越えに弱い伴の人達では心もとないと思った高木神は、村の屈強な山男を選び、降臨先の南九州へあらかじめ派遣し、下見させていたかも知れません。筑紫（九州）の南に形の良い山があることも、この下見ですでに知っていた可能性があります。

　日本書紀の一書第一は、八街での出会いの時「天神の御子は、筑紫の日向の高千穂の槵触峯に行くでしょう」と行き先を述べているからです。
（くしふるたけ）

　邇邇藝命が生まれて、旅が可能な少年になるまで、充分な時間があったでしょう。下見もできていれば、自信をもって道案内ができ、八街で待ち受けて申し出ができます。高木神の依頼ならば動機も充分です。それでも一人でできる道案内ではありません。下見していない新しい道も通らなければなりません。このとき、

いくつもある尾根を調べ、谷に入らない大きな尾根道を大勢で探す必要があります。一書第一では、八街で待ち構えた佐田彦達を次のように記しています。

「一人の神が天の八街に居り、その鼻の長さ七握、背の高さ七尺あまり、正に七尋というべきでしょう。また口の端が明るく光っています。目は八咫鏡のようで、照り輝いていることは、赤酸漿に似ています」と。そこでお供の神を遣わして問わせられた。ときに八十万の神達がおられ、皆眼光が鋭く、尋ねることもできませんでした。

佐田彦の異様な姿を事細かに記していますが、そのような眼光鋭い人が大勢で待ち構えていたことが分かります。縄文人と思われる佐田村の山男達を、佐田彦が率いていたのです。

佐田村

早速、朝倉市の佐田村を訪ねてみることにしました。日田市から小迫辻原遺跡を抜けて旧小石原村に向かう道です。山間の道を進み小石原の手前で、朝倉に向かう小さな山道に入ります。しばらくすると、道の端の川沿いに鳥居が見えてきます。ところが神社が見あたりません。神社は田んぼの先、遠くにありました。この付近が佐田村です。神社の後方には鳥屋山が見えます。

神社前で出会った人に、猿田彦命のことを尋ねると、村の中を流れる佐田川に沿った古い道沿いに、猿田彦命の碑があるとの話です。それもいくつもある

写真56　佐田村の風景

とのことで、猿田彦命の痕跡が濃厚なことに力を得ます。

その古い道は幅1mあるかどうかの細道で、今は使われておらず、通れないところもありました。碑を4基ほど確認しました。最も大きな碑は高天原に向かう道でなく、反対の山中に入る分かれ道付近にありました。

天孫降臨の先払い一行が、高天原を出発した情報を得た佐田彦は、かつて知った山道を駆けて先回りして、一行を待ち受けていたのでしょう。いつくるか分からない一行を、八街でいつまでも待つことはできないことです。

八街を探す

朝倉市の高天原から高千穂町を経て西都に向かうには、阿蘇を越えたことが、まず予想できます。「八重たな雲」「道別け」や「道踏分」のキーワードからも想像できます。

朝倉から筑後川沿いに遡るコースです。筑後川右岸を杷木、夜明、日田と進んだと思われます。ここまでに大きな分かれ道はありません。

日田には中津、宇佐に向かう日田往還の分岐があります。また筑後川と玖珠川が分岐する地点では、大分に向かう筑後街道が分かれます。日田を突き抜けて阿蘇に向かう道は日田街道です。

朝倉から日田まで道なりに約30kmあります。少なくとも2日は要したでしょう。佐田村を出て山道を駆ければ充分に先回りして、待ち受けできる距離です。しかし日田を八街と仮定しても日田盆地は広く、何処で待ち受けるかが問題となります。分かれ道はいくつもあり、間違えれば出会うことはできません。待ち受け場所の八街を探しに、また日田に戻りました。

第3章　猿田彦大神

佐田彦が待ち受けた場所

猿田彦命の情報を求め、日田の図書館に向かいましたが、生憎の休みで、市役所に行きました。そこで、日田市内にたくさんの猿田彦命の碑が街道沿いや、神社境内にあると親切に教えてもらいました。

100基以上建てられているとのことですが、入手した地図にある15基を早速、一つひとつ歩いて訪ね巡ることにしました。

まるで、佐田彦の手下が辻つじで一行を見逃さないよう見張りしているような配置です。一つずつ確認し

地図19　猿田彦が待ち受けた場所

ながら、見つけたのが若宮神社前にあった碑です。「猿田彦大神」の碑の横には「八街神」の碑もあります。日田温泉を通る旧道の先にあり、筑後川（三隈川）の川沿いです。先払いを待ち受けるにはここしかないという場所でした。なぜなら、

①日田を抜けて小国町に向かう、古い道沿いにあります。
②この先2kmも行くと、筑後街道と日田街道に分かれ、山道に入り、その先では、どの尾根道を通るか予測できず待ち受けできません。
③朝倉から船で遡ってきても、この先筑後川が分岐して浅くなるので、ここでは下船しなければならない場所です。
④日田盆地を通過する一行を盆地にある、日隈山、月隈山、星隈山の各山頂で見張ることができて、やってくる情報を得や

すい場所です。

ここに八街神の碑を建てた人も、ここが八街であることを伝承で知っていたか、知らなくとも、ここ以外に待ち受け場所はないと確信して、ここに八街神の碑を建てたのでしょう。

写真57　八街の風景

日田から小国町への道

八街で佐田彦の意向が分かった天宇受売神は一旦、高天原に戻り仔細を報告します。この時、佐田彦も高天原に同行したかどうかは分かりません。高木神は佐田彦をどのように天孫降臨に参加させるか腐心したのでしょう。最初からの参加では反対する人も出てくるため、この方法を採ったと考えます。

さて、いよいよ邇邇藝命一行は佐田彦の先導で山道に入ります。

現在の国道は、この先1kmほどで川を渡り大山川沿いに右岸、左岸と渡りながら、ダム横を経て小国町に進みます。

橋もないこの時代、谷川を渡ることも大変な作業なので、この道を進んだのではなさそうです。八街から2kmほど進み、分岐した玖珠川の瀬を渡ると、小国町に向かう長く緩やかな尾根道があります。この道を進んだと考えました。

阿蘇への道

さらに天孫降臨の道を探すため、小国町に向かいました。この先、阿蘇外輪山の大観峰に立った人は、絶壁から見えるカルデラ

第3章　猿田彦大神

の風景、中岳などの山々に感動したことを思い出すでしょう。

　もう1つの感動は、北海道の美瑛の丘と似て異なる、しわしわの丘が広がる外輪山の風景です。しわしわの谷に入りこまないようにするには、多数の先駆けを向かわせて尾根道を探す必要がありそうです。どのように越えたのでしょう。

　現在は、南小国町を経て大観峰に真直ぐ向かう国道があります。これと平行する旧道を探索しました。今は橋が架かる谷越えがあったりして、この道ではなさそうです。小国町から黒川温泉を経て、久住に続く長い尾根道があります。久住の丘に立つと外輪山のしわを上から見ることができて、尾根道を探せそうですが、遠回りになります。

　探しあてた道は、南小国町から谷川沿いに満願寺という寺のある村に向かう道です。3kmばかり山に入ると川べりに、ひなびた満願寺温泉があります。そこから1kmほど進むと外輪山に向かう側道がありました。側道に入ると路傍に「猿田彦大神」の碑を見つけて意を強くします。

写真58　阿蘇への道

　さらに進むと、開けた外輪山の尾根に出ました。谷の渡りがないか確認しながら進むと牧場を経て、外輪山スカイライン（ミルクロード）と交差します。横切って進み外輪山の絶壁に出て、舗装された細い道を、カルデラの中に下りました。この絶壁の道は最近の道で、女性もいた一行がここを下りることは困難です。べつな下り道を探すことにしました。

第1部　丘と岡が明かす天孫降臨

外輪山を下りる

　満願寺からスカイラインまでの道が正しいとすると、カルデラへの下り道はこの付近です。外輪山に沿って下から探すことにしました。外輪山に登れそうな道を発見し、畑仕事中の村人に確認します。たまたま出会っ

写真59　国造神社

た婦人が親切な人で、いろいろ教えていただき、さらに「うちの主人が市役所に勤めていたことがあり、町史編纂をしたことがある」と屋敷まで案内してもらいました。

　縁側で、天孫降臨の道探索の話をすると突然の訪問にも、心よく話を聞いてくれます。「邇邇藝命は満願寺から外輪山に登ったのでは？」と話を向けると、「うちの妹が満願寺にお嫁に行った」と、この集落と山向こうの満願寺村の交流が深い印象の話をされます。

　外輪山の下り道の話になると、編纂した町史を取り出してきて、地図を見せながら、新しい下り道がたくさんあると言外に部外者には探索困難な雰囲気で話されます。しかもこの家の夫婦は邇邇藝命が阿蘇を越えたことは当然で、昨日のことのように話すのです。

　この集落の先に国造神社があり、そこから外輪山に登る舗装された道があり、その途中に今は使われていない古道があって、邇邇藝命が下りた道だろうと、確信しているように話すのです。

　阿蘇国造もここが重要な場所であることを知っていて、神社を建てたのかも知れません。状況証拠も確かです。親切な2人にお礼を言って早速、古道に向かいました。

第3章　猿田彦大神

カルデラを横断する

　国造神社前には外輪山から流れ下る川があり、この川筋のみ浸食により絶壁が削り取られたようです。古道に足を踏み入れると、木が生い茂り当時はこのようであったかと思われます。茂った枝や木を切り払いながら下りたことが想像できます。300mほどの高低差です。

　引き返し国造神社前の高台に立つと、根子岳と高岳の間の日ノ尾峠がシルエットのように見えます。国造神社は邇邇藝命が下りてきた道とともに、これから進む道も示しているようです。

　カルデラの反対に向かうには、3つの道があります。阿蘇の山々を西に迂回する方法が1つです。この道は比較的平坦ですが、敵対する狗奴国のある菊池市に近く、戦いとなる恐れがあり危険です。反対に東回りは一旦、外輪山に登ることとなり絶壁を登り返し、しわしわの谷を渡り歩かなければなりません。

　一行は真ん中の最短距離、日ノ尾峠を越えたと考えました。日ノ尾の名付けがその痕跡です。日嗣の邇邇藝命は、神の遣い鳥の認識をしていたので日ノ尾としたのでしょう。

　舗装はされていましたが、1車線の細い道を登ります。400mほどの高低差で谷越えがなく、徒歩であれば東回りと比較して越えやすい峠の印象でした。

写真60　日ノ尾峠

高千穂野

　カルデラの真ん中を抜けた一行は、いよいよ南東の外輪山を越

第1部　丘と岡が明かす天孫降臨

えます。車で高千穂町に向かうなら、高森町からいきなり絶壁の九十九曲がりを登り、外輪山の谷川の橋を何本も渡って30kmほどです。しかし、この谷を渡る道ではなさそうです。

写真61　高千穂野

　以前、地図で見つけた高森町の南の、外輪山にある高千穂野が気になります。「たかぢょうや」と読みますが、高千穂町、高千穂峰など一連の高千穂と考えていました。濁音の入った「たかぢほや」が転じて「たかぢょうや」になったのでしょう。南の外輪山の山頂部に平坦な樹林地帯がありそこが高千穂野です。近くには天神峠もあります。

　峠に登る道を探して麓をうろうろし、出会ったおばあさんに猿田彦を祀る神社がないか訊ねました。神社はないが、この付近の旧道の辻々には猿田彦の碑がいっぱいあるとのことで、やはりこの付近から登ったことが濃厚です。この付近で登る道を探索したのでしょう。下見での男数人の峠越えと、女性もいる多人数の山越えでは登る道も異なります。枝を落とし、道を拓き、広げなければなりません。

　車で越せる近くの清水峠に登り、この急峻な山道で活躍する佐田彦を想像しました。「あいつはまるで猿のようだ」「あいつは猿だ」「あいつは佐田でなく猿田だ」と一行の皆々が驚嘆しています。五伴緒の1人で思量深い思金命（おもいかね）が奏上したのでしょう。ついに邇邇藝命はその頼もしい活躍に、佐田彦を変えて猿田彦の名を与えます。猿田彦命誕生の瞬間です。

80

第3章　猿田彦大神

　外輪山からカルデラを振り返ると、越えてきた日ノ尾峠も見えて素晴らしい景色です。しかし反対側は尾根が無数に走り、樹木もあって一つ間違えば谷底です。猿田彦の部下達があちこち手分けして、最も長い尾根道を探します。猿田彦率いる一団がいなければ、とてもこの天孫降臨は成功しなかったでしょう。

幣立神宮

　長い尾根道を15kmも下ったところに、幣立(へいたて)神宮がありました。日の宮、高天原の枕詞が付きます。邇邇藝命一行はここを通っていると考えました。というのはこの神社の本殿が分水嶺

写真62　幣立神宮

となっていたからです。地形を絶えず観察しながらの旅は、南九州でも同じでした。

　写真62の本殿の後ろ側に降った雨は宮崎側に、前側に降った雨は熊本側に流れ下ります。日の宮、高天原の枕詞が付くのも天孫降臨の際の創始ならば、神社のなかでも古いこととなり、この枕詞も分かる思いです。

　やはり邇邇藝命の降臨や神田での稲作、東に移っていったことが伝承として残されていました。異形の面による神祭りがあります。猿田彦達の異様な顔立ちが、面として残されたのかも知れません。祭神は神漏岐神(かみろぎ)、神漏美神(かみろみ)で、この旅のなかで祀ったのでしょう。天之御中主(あめのみなかぬし)の子とされる古い神であることも納得できます。祭礼日が8月23日とありました。夏至に朝倉の高天原を出立して、この頃に留まったとすると150km、約2ヶ月の行程となります。

第1部　丘と岡が明かす天孫降臨

高千穂へ

　幣立神宮から五ケ瀬町を経て、東に20km余り進むと高千穂町です。高千穂町に進む、3通りの経路を想定できます。1つは現在の国道が通る、津花峠経由で最短になります。

　南回りには二上山があり、この山を経由することもできます。この二上山は日本書紀の本文と一書第四に二上の記述があるので、天孫降臨の場所とする説があります。

　山頂近くが雄山と雌山に分かれているので、二上山と呼ばれているのでしょう。山頂直下にある三ケ所神社の奥院も訪ねましたが、こちら経由の確信は得られませんでした。

　残る国見が丘経由を降臨の道と考えました。五ケ瀬町から国

写真63　国見が丘

道を外れ、北回りの高畑・岩神と小さな村々を通る尾根道を経て、鳥岳の麓を通り高千穂町の北西に出ます。この出口に［1］国見が丘があります。新しい国の入り口でもあります。

　丘の上に立つと、緑の山々が連なり谷間には、たな雲がたなびきます。皆々が丘に登り、美しい風景と新しい国づくりの想いに、心が震えていたことでしょう。まして少年の邇邇藝命の目には、忘れえぬ光景となったに違いありません。この感動の丘が、この先の「丘と岡」の名付けのきっかけになったと思います。

　山頂には少年の邇邇藝命が、伴の人とともに国見する石像が建てられていました。

知舗郷

　丘を下りた一行は知舗郷と呼ばれた現在の高千穂町にしばらく、留まったようです。ここには、くしふる峰があります。この時に名づけたのか、記紀からの引用なのか定かではありません。穂觸神社もあり、ここに行宮を建てたのでしょう。裏手には高天原遥拝所が残ります。出立してきた高天原に向かって、いまようやく新しい国の入り口に立ったことを報告したのでしょう。例祭が10月16日となっているので、この頃到着し遥拝したのかも知れません。

写真64　遥拝所

写真65　遥拝の方角

　そこで持参した磁石で、遥拝した方角を石積みの向きを計測し、推定してみました。測定値は327度でした。真北と磁北との偏差値を国土地理院のサイトで調べると、高千穂町は6°54′です。

　したがって地図上の角度は327°－6°54′≒320度になります。予想とおり遥拝の方角は朝倉の高天原に向いていました。正確にはベクトルが示す三角域底辺の、平塚川添遺跡方角です。奈良はもちろん吉野ケ里、八女市方向ではありませんでした。

　冬をここで過ごすことにしたのでしょう。この北西の山裾には一行が住居としたと伝わる場所があります。その一角にある荒立

第1部　丘と岡が明かす天孫降臨

神社は猿田彦大神と天宇受売命が結婚して、新居を構えたところとのことです。急ぎの建物なので、切り出したばかりの荒木で建てたので、この荒立の名が付いたと伝わります。

写真66　荒立神社

　ところで、高千穂町には天の岩戸や天安河原（あまのやすかわら）、天真名井（あまのまない）など記紀に登場する高天原の地名がいくつもあります。ネットで読んだ意見でしたが、この高千穂町の天の岩戸付近が高天原ならば、なぜ4kmしか離れていない高千穂に天孫降臨しなければならないのかと、小さいときの遠足で思ったという意見でした。的を射た疑問です。

　それとも、北部九州からやってきて、天照大御神が、ここの岩戸に隠れたならば、大変な旅であったことが分かります。そこまでする理由が見あたりません。この天孫降臨の際に、高天原を思って名づけたと考えます。

風土記逸文　日向国

　日向の国の風土記に日はく、臼杵（うすき）の郡の内、知舗（ちほ）の郷。天津彦々火瓊瓊杵尊、天の磐坐を離れ、天の八重雲を排（おしわ）けて、稜威（いつ）の道別（ちわ）き道別きて、日向の高千穂の二上の峯に天降りましき。時に、天暗冥（くらくら）く、夜昼（よるひるわ）かず。人物（ひと）道を失ひ、物の色別（わ）き難（がた）かりき。ここに、土蜘蛛、名を大鉏（おおくわ）・小鉏（おくわ）と日ふもの二人ありて、奏言（まお）ししく、「皇孫の尊、尊の御手以ちて、稲千穂を抜きて籾（もみ）と為して、四方に投げ散らしたまはば、必ず開晴（あか）りなむ」とまおしき。時に、大

俎等の奏ししが如、千穂の稲を搓みて籾と為して、投げ散らしたまひければ、即ち、天開晴り、日月照り光きき。因りて高千穂の二上の峯と曰ひき。後の人、改めて智舗と號く。

　始め3行の天孫降臨の記述箇所は、ほぼ日本書紀の本文と同じです。後半では土地の者が「瓊瓊杵尊の御手でもって、稲千穂の籾を抜いて、播けば村が開ける」と申し上げました。そこで、そのとおりに籾を播かれて村が開けました。このことがあったので「高千穂の二上の峯」とは、知舗の郷にある二上山のこととしているのです。そして知舗を智舗に改めたと記しています。
　もともとここは知舗で、その後も智舗を名乗っていて、風土記編纂の712年頃は、高千穂ではなかったことが分かります。「宇佐八幡宮託宣」（765年）に高智保の記述が見え、最初の「たかちほ」です。

　逸文の記述は稲作を伝えながら進む一行であることが分かります。木を切り、森を拓いて平にします。畦をつくり、谷から水を引く、どれだけの作業があるか、分からないほどの作業が続きます。新しい国の入り口から取り掛かったのでしょう。
　高千穂町から天の岩戸神社を訪ねる道すがら、標高300m余りのこの高原が、明るい日差しの豊かな棚田であることに驚いたことがあります。

次の村へ

　上記の伝承では種蒔きまで行ったと伝えているので、1年以上留まったように見えます。しかし、ここはまだ新しい国の入り口

です。目指すのは、夏至の太陽が指し示す高天原の南の地、西都です。

　この高千穂付近は高千穂峡があるように峡谷の町で、現在は天空に架かる天の浮橋のような快適な橋を渡れ、あっという間に通過できます。しかし当時は容易には渡河できません。どのような道をたどったのでしょう

　谷底を流れる五ケ瀬川の左岸に沿って、細い1本の道が通じていて、地図には神話街道となっていました。この道は延岡まで延びています。途中、日之影町の大人神社は大日止とも呼ばれたそうで、ここに邇邇藝命がしばらく留まった伝承が残ります。

写真67　神話街道

写真68　大人神社より

　訪ねると日あたりの良い棚田が広がる風景です。日之影町は東西に長い谷なのでよく日があたるところです。日之影は日陰でなく、日光を表しているとのことです。

　高千穂町からわずか10数km進んだ、この日之影町でも稲作を伝えるために、1年も留まったかも知れません。先を急ぐだけの旅でないことが見えてきます。目指すところには、いつになったら着くのでしょう。

延岡

その先は延岡です。延岡の岡も天孫降臨の道を表しているのでしょう。この町の由来となった延岡城の岡から、北西わずか2kmには岡富山があることから、すでに丘や岡を名づけながら進んでいることが分かります。

写真69　天下大明神
（南方古墳群がある岡）

　当時、低地は海がかなり陸に入っていたと思われます。五ケ瀬川の左岸を下ってきた一行は、南方(みなみかた)古墳群がある天下(あもり)というところの高台に留まり、また、この平野の開拓に取り掛かったのでしょう。山間部の谷水を引く潅漑と異なり、平地にはまた異なる難作業があったことでしょう。天下の地名は天孫降臨を表す天下りの意味があるのでしょう。

　南方古墳群の高台には、縄文後期から弥生、古墳時代の遺跡が残るとのことです。前方後円墳は5基残ります。一行の人の中には稲作を伝えるために、ここに残りここに骨を埋めた人もいたかも知れません。

日向市

日向市(ひゅうが)は延岡から10数km南に進んだ海辺の町です。日向の名称は町村合併の際に付いたもので、古い旧来の名称ではありません。しかしここにも伝承が残されていました。日向岬の先の岩場で邇邇藝命が、大海原を眺望された伝承です。大御(おおみ)神社があり天照大御神が祀られています。

第1部　丘と岡が明かす天孫降臨

その付近を伊勢ケ浜と呼ぶので、伊勢国の神宮を思い起こします。わずか数キロ北側を五十鈴川が流れることも不思議な取

写真70　中央は大御神社、手前が伊勢ケ浜、右の小山は櫛ノ山

り合わせです。神武東征の際に、この南の耳々津から出発しているので、神武東征ではこの取り合わせを知っていて、伊勢国に地名を移しているかも知れません。

　伊勢の伊は伊都国の伊で、その勢いがここにある名づけに思います。また大御神社の近くにある、米ノ山と櫛ノ山は、兵団の長だった天櫛津大久米命に由来するとのことです。

西都へ

　耳川を越え、さらに都農川を越えると宮崎平野が広がってきます。この広い平野をどのように開拓していったのでしょうか。ここにくるまで、新しい国づくりを始めて、すでに数年を経ていたでしょう。少年だった邇邇藝命もいろいろな体験を経て、青年に近づいていたと思います。

　都農の地名が伊都国の農を伝える心を表しているように見えてきます。森を拓き、沼の水を

写真71　御舟塚

抜く開拓が日常な故に、記録や伝承はほとんどありません。

　まずは阿波岐原で禊(みそぎ)を行い、一ツ瀬川を舟で遡り、西都市付近に居を定めたのでしょう。写真71は西都原の麓の都萬神社近くに残る御舟塚です。

　新しい国名は伊都国の勢いが、広く行き渡ることを願って都萬(つま)国(こく)だったと考えます。聞き伝える地名があて字になることはよくあることです。魏志倭人伝には投馬国と記されてしまったのでしょう。

高千穂峰への出発

　平野の開拓に取り掛かって数年が経ちました。森と沼だった平野も水を抜き川筋を整えて、すこしずつ水田が広がってきました。開拓はまだまだこれからですが、平野から見える高千穂峰の向こうにも、潅漑稲作を伝えなければならない土地が広がっています。

　準備をすすめてきた遠征を行うこととしました。途中なにが起きるか分かりません。陣を調え猿田彦命を先頭に春、西都を出発しました。高天原から伴をした人達も、すでに何人かの人が倒れ西都原の墓地に眠っています。最初に目指すところはいつも見てきた高千穂峰の山頂です。この山頂で都萬国の国見と、安寧を祈ることをまず行わなければなりません。建国の宣言ともなる、山頂に立てる鉾(ほこ)も準備しました。

第4章　宇都と牟礼

宇都と牟礼

「丘と岡」を訪ねる旅の途中、この丘と岡の名に登場した、「宇都」や「牟礼」が地名にもありました。どんな村に名づけたのでしょう。訪ねれば、7年もかけた天孫降臨の活動目的や、経路の詳細がもう少し見えてくるかも知れません。古代の謎やロマンを訪ねる旅は楽しく次の春、再び旅に出ました。

宇都地名

全国の宇都地名を調べてみました。表4です。

表4　全国の宇都地名（1）

No	地名	所在地	No	地名	所在地
1	宇都	曽於市	11	宇都川路	薩摩川内市
2	宇都口	霧島市	12	久木宇都	薩摩川内市
3	兎ケ宇都	霧島市	13	宇都	薩摩川内市
4	宇都	霧島市	14	庵の宇都山	薩摩川内市
5	国府剣之宇都	霧島市	15	宇都	いちき串木野市
6	宇都良	霧島市	16	宇都谷	鹿児島市
7	宇都山	霧島市	17	木屋宇都	鹿児島市
8	宇都	姶良市	18	井手ケ宇都	鹿児島市
9	火ノ宇都	姶良市	19	宇都	鹿児島市
10	宇都	さつま町	20	宇都	日置市

第4章 宇都と牟礼

全国の宇都地名（2）

No	地名	所在地	No	地名	所在地
21	宇都	南さつま市	36	野々宇都	都城市
22	宇都浦	種子島	37	宇都	高原市
23	大宇都	種子島	38	宇都	伊佐市
24	上ノ宇都	錦江町	39	宇都野々	出水市
25	宇都	錦江町	40	宇都町	諫早市
26	鬼ケ宇都	錦江町	41	宇都迫	呉市
27	兎ケ宇都	鹿屋市	42	宇都野川	土佐清水市
28	宇都	鹿屋市	43	宇都賀山	土佐市
29	宇都口	大崎町	44	宇都木	土佐市
30	釜ケ宇都	大崎町	45	宇都井	邑南町
31	宇都鼻	志布志市	46	宇都井	邑南町
32	宇都	志布志市	47	宇都山	珠洲市
33	猪ケ宇都	志布志市	48	宇都宮	十日町市
34	宇都谷	曽於市	49	宇都野	塩原市
35	宇都	曽於市	50	宇都野	白河市

　調べ漏らした宇都があるかも知れませんが、50の宇都が見つかり、39までが南九州に集中していました。地図20は九州の宇都地名をプロットした図です。宮崎平野になく、都城市付近から始まっているように見えます。

　古文書では、地名にあて字がよく見られることから、このような地名研究には疑問が提起されます。たしかに、長い年月で変化

第1部　丘と岡が明かす天孫降臨

してしまった地名もあったでしょう。しかし、残るこの地名の分布を見ると偶然でなく、人の意志が隠れていることは明らかです。

　先の丘と岡の分布と良く一致しているので、やはり天孫降臨の際に名づけられた地名であると考えます。北は遠く諫早市に1つあることが注目されます。猿田彦命の本名の佐田があったところです。南は種子島に2ヶ所あります。海を渡り種子島に渡っていたのでしょう。

地図20　九州の宇都地名分布

　ところが「宇都」は、高千穂峰へ降ったときに考えられた言葉でなく、高天原出発以前にも「宇都」の考えがあったようです。大国主命が、須世理毘売と結婚するときに、須佐之男命は大国主命に次のように述べたと古事記に記しています。
「……おれ大国主神となり、また宇都志国玉神（うつしくにたまのかみ）となり、その我が女（むすめ）、須世理毘売を嫡妻（むかひめ）として……」と述べ、娘との結婚を許しています。

　宇都志国玉神の名を大国主命に与えていたのです。玉は魂の意です。須佐之男命は高天原から出雲に向かうときにも「宇都の志の国」をつくる考えがあったのでしょう。そして宇都国建国の志を娘婿の大国主命に託したのかも知れません。

第4章 宇都と牟礼

牟礼地名

　もう1つ、二牟礼岡や牟礼ヶ岡など牟礼の付く山が名づけられていました。この牟礼の地名も鹿児島の旅でよく見ました。同時に、この牟礼についても調べて、宇都との違いが分かれば、何かが見えてくるかも知れません。根気が必要ですが、何が見えてくるかわくわくします。天孫降臨の活動の1つが見えるだけでも収穫です。

表5　全国の牟礼地名（1）

No	地名	所在地	No	地名	所在地
1	二牟礼	霧島市	17	神牟礼	曽於市
2	竹牟礼	姶良市	18	大牟礼	日南市
3	小牟礼	薩摩川内市	19	牟礼水流	都城市
4	湯之牟礼	薩摩川内市	20	牟礼木	都城市
5	牟礼	薩摩川内市	21	池牟礼	えびの市
6	牟礼岳	薩摩川内市	22	大牟礼	湧水町
7	牟礼谷	鹿児島市	23	木牟礼	出水市
8	牟礼ヶ岡	鹿児島市	24	高牟礼	出水市
9	飯牟礼	日置市	25	高牟礼川	出水市
10	中牟礼	日置市	26	本之牟礼	阿久根市
11	八牟礼	いちき串木野市	27	荻之牟礼	長島町
12	大牟礼	指宿市	28	栂牟礼	佐伯市
13	大牟礼	種子島	29	栂牟礼山	佐伯市
14	尾牟礼	肝属町	30	牟礼	豊後大野市
15	花牟礼	肝属町	31	大牟礼	豊後大野市
16	大牟礼	鹿屋市	32	花牟礼山	由布市

第1部　丘と岡が明かす天孫降臨

全国の牟礼地名（2）

No	地名	所在地	No	地名	所在地
33	花牟礼	九重町	41	牟礼町	高松市
34	鼻牟礼峠	玖珠町	42	有年牟礼	赤穂市
35	牟礼	広川町	43	牟礼山	串本町
36	牟礼茶屋	広川町	44	牟礼	飯綱町
37	牟礼	防府市	45	牟礼山	草津市
38	牟礼柳	防府市	46	牟礼	三鷹市
39	牟礼峠	防府市	47	牟礼	寄居町
40	高牟礼山	阿武町	48	牟礼山	胎内市

調べた結果を表5にしました。48の牟礼が見つかり、36が九州で、また半分以上の27が南九州です。

国土地理院の検索サイトでの調査ですが、牟礼の全てではありません。地図にはないけれど、バス停や公民館名に古い地名として残っていたりします。

地図21は九州の牟礼地名の分布図です。宇都地名と同じく都城に始まる丘と岡の分

地図21　九州の牟礼地名分布

布に良く一致しています。異なるのは八女、九重町、玖珠町、大野市、佐伯市にも少し見られることです。やはり、種子島にもあ

りました。薩摩川内市沖の上甑島にもあります。ここに邇邇藝命は船で渡ったと考えていましたが、その証になりました。

宇都と牟礼以外の名づけもあったと考えますが、この2つに絞って訪ねることにしました。

霧島市の宇都と牟礼

宇都と牟礼の地名情報と伝承を加味して実際の経路などを、推測してみたいと思います。

次図は霧島市付近の宇都と牟礼の地名を地図に表示しています。

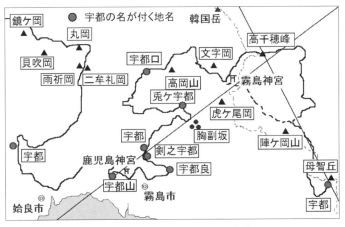

地図22　霧島市の宇都地名の分布

高千穂峰へのスタート地点は母智丘の南にある宇都と分かります。母智丘は国土地理院の地図に山名としては記載がありませんでした。

先の「丘と岡」を訪ねる旅で、丘から丘の間が1年を要したと見えてきましたが、スタートの丘がなくて、不思議に思っていました。母智丘であれば納得できます。ここが、高千穂峰を基点に

第1部　丘と岡が明かす天孫降臨

夏至の太陽が昇る方角を東としたときの南にあたるからです。

　これも方角へのこだわりでしょう。母智はあまり使用されない言葉ですが、日本書紀に食べ物の神の保食神の別名として宇気母智神が登場しています。伊勢神宮の外宮に祀られている豊受大神も食べ物の神で、古事記では登由宇気神と記して、この天孫降臨に参加したと記しています。(68 ページ、表 3 参照)

霧島国分への道

　高千穂峰に登る本隊と、これをサポートする隊は陣ヶ岡山付近で分かれたと考えました。

　高千穂峰から下りた一行は文字岡の先、高岡山付近から、牧園町方向に進んだことが分かります。高岡山付近から「宇都口」に、今も 1 本の細い道が残ります。

写真 72　高岡山

　その先、牧園町宿窪田付近は開けていて、高原ながら田んぼがある風景です。坂本竜馬が新婚旅行で、高千穂峰に向かった道の逆になります。

　竜馬が宿泊した新川温泉付近から、霧島川沿いの霧島田口付近に向かったことが、途中に残した「兎ヶ宇都」で分かりました。訪ねると小さな谷川沿いにわずかな田があり、「そ宍の空国……」と記されたところかと想像しました。路傍には故郷を出た人達で残した、兎の形をした「ふるさとの碑」がありました。

第4章　宇都と牟礼

写真73　猿田彦命の住居跡

写真74　狭名田の長田

　霧島田口付近には「猿田彦の住居跡」と「狭名田の長田」の伝承が残ります。狭名田の長田は、邇邇藝命がはじめて水稲を作った田であると伝えられています。これらの伝承は、しばらくここに留まったことが分かります。

　霧島市隼人町付近には剣之宇都・宇都山・宇都良を残しています。これら幾つかの宇都を訪ねて、「宇都」は谷の一番奥に名づけたように思われてきました。関東ではこのような地形を谷戸と呼んでいます。「狭名田の長田」も谷水で稲作できる最奥にありました。新しい国づくりに向けての灌漑稲作伝播の足跡かも知れません。さらに訪ねる宇都で検証することにしました。

　国府を経て姶良市に進みます。当時、姶良市の中央を流れる別府川流域は低地で、海が及んでいたと思われます。そこで天孫降臨の一行は、別府川北岸で引き返し、北上したと考えます。

写真75　対岸を望む別府川河口

97

第1部　丘と岡が明かす天孫降臨

そして二牟礼岡と雨祈岡の間の峠を越えたのでしょう。牟礼地名の最初が、この二牟礼岡の麓にある二牟礼でした。

薩摩半島の宇都と牟礼

次に向かった薩摩半島の宇都と牟礼を調べました。地図23です。

ここでも丘と岡で推測した経路と良く一致して、宇都と牟礼の地名が残されています。

2つの名づけの違いに興味が湧き、できる限り巡ることにしました。

日本の田舎であれば、田んぼがあるのは当然です。その田んぼのある地形にはっきりした違いがあるのでしょうか。

地図23　薩摩の宇都と牟礼

さつま町の宇都（さつま町白男川）　さつま町の宇都を訪ねました。旧宮之城町中心部より5kmほど西に進むと形のよい山が現れ、この山を源流とする明るい谷に宇都の田んぼがありました。やはり谷の一番奥にある宇都でした。画像でも、緩やかな棚

第4章　宇都と牟礼

田が奥の山に続いているのが分かります。

先に見える形よい山は高塚山で、後にこの高塚山にも注目することになりました。

写真76　さつま町の宇都

宇都川路（薩摩川内市城上町）　薩摩川内の市内から高城川に沿って10kmあまりも阿久根市に至る峠に向かいます。これ以上谷奥では、稲作ができないところが宇都川路でした。

天孫降臨の際に伝えられた、潅漑稲作の最初の田んぼに思えて、開墾の様子を想像しました。しかし、平地ではすでに田植えが始

写真77　宇都川路

まっていたのに、ここは休耕地の様子で寂しい思いをしました。聞くと谷水が冷たいので田植えは6月とのことです。そしてお米は大変おいしいと、語っていました。

薩摩半島内陸部の開墾

薩摩川内市から、いちき串木野市に進み、一旦、甑島に渡った邇邇藝命は、陣ヶ岡からのサポートを受けて帰還しました。その後、陣ヶ岡から牟礼ヶ岡を結ぶラインが示す、鹿児島市方向に進みます。薩摩半島内陸部の入来町方向に、五反田川と八房川を遡っ

第1部　丘と岡が明かす天孫降臨

たと思われます。

　この内陸は地図の色塗りを見て、山々が連なる風景を想像し、日本書紀が記す「そ宍の空国（ししのむなくに）」のことで、痩せた猪の胸肉のような地形と考えていました。ところが訪ねてみると山々の谷間は広く明るく、谷水は豊で古代の灌漑稲作に適した地形であることが分かりました。

　そのことを示すように、いくつもの宇都があります。天孫降臨の際は川内川付近より、この内陸に力を注いだように見えます。

　宇都（いちき串木野市大里）　海から3kmほど入った高台の谷奥に田んぼがあります。

　宇都（いちき串木野市冠嶽）　五反田川の上流の支流にある村で、明るい谷奥は太陽光発電パネルが設置されていました。

写真78　宇都の風景（樋脇町）

　庵（あん）の宇都山　上記の宇都から樋脇町市比野に向かう、峠脇にあります。

　宇都（薩摩川内市樋脇町）　庵の宇都山から3kmほど下った先にあります。

　久木宇都（薩摩川内市樋脇町）　樋脇川の支流が谷奥に続いていて、谷川に沿って田んぼがあります。

　牟礼（薩摩川内市樋脇町）　樋脇町の中心地に象徴

写真79　牟礼の風景

的な丸山があります。名のとおり丸い山です。その麓に牟礼がありました。棚田がありますが、谷奥ではありません。宇都に共通する谷奥と風景が異なります。牟礼はこのような岡地形に名づけられたのかも知れません。

鹿児島市の宇都

火の宇都（姶良市蒲生町）　この情熱の名を訪ねていってみました。日あたりのよい谷奥でした。

宇都谷（鹿児島市本城町）　この谷に通じる細い道を歩いて入ると、絶壁が迫ります。谷川の最奥です。畑仕事の方に訊ねると、ここは火口だった地形とのことです。直径2～300mでしょうか。今は2軒しか住んでおらず、この方も退職後、ここに住み故郷を守っているとのことでした。

宇都（鹿児島市東俣町）　花尾山の近くです。村の前は広い田が広がり、谷奥のパターンでありませんでした。不思議に思い帰宅後、地図で確認すると村の後背の谷奥に田んぼがあることが分かりました。

牟礼谷（鹿児島市宮之浦町）　牟礼ヶ岡の麓に牟礼谷があります。宇都の名づけに多い、谷奥の地形です。牟礼ヶ岡があるので牟礼谷としたのかも知れません。

井手ケ宇都（鹿児島市五ケ別府町）　鹿児島市は神戸市と似て、海辺は商用、尾根上は大きな住宅地が幾つも広がる風景です。尾根を下りると細い谷川が流れます。井手ケ宇都もそんな谷にある地名ですが、現地で尋ねても、知らない人が多く、地図では公民館の名にのみ残されていました。

木屋宇都（鹿児島市下福元町）　天孫降臨は鹿児島市から日置

を経て、笠沙に進むことになりますが、権現ケ尾（485m）の北側を越えて進んだように見えます。木屋宇都は峠越えの麓の谷奥にあります。田んぼはなく畑地でした。

写真80　木屋宇都

宇都（日置市吹上町）　権現ケ尾を越えた先、吹上町与倉の高峰の麓にあります。権現ケ尾越えを残したような配置です。

飯牟礼（日置市伊集院町）

写真81　中牟礼

諸正岳の麓で、付近は飯牟礼中学校がある岡の上の風景です。

中牟礼（日置市日吉町）　向江山の山裾が緩やかに広がる高原の風景です。

木花之佐久夜比売との出逢い

木花之佐久夜比売（このはなのさくやひめ）の木花は何の木なのでしょう。ブログでそれは椿ではないかという意見を読みました。海岸沿いに分布するこの木は、屋久島あたりでは高さ18mに達するとのことです。邇邇藝命は冬も間近な南さつまの阿多にきて、木花之佐久夜比売に出会った時、この高木をみて「この木に花は咲くや」と訊ねたのでしょうか。想像するだけでほのぼのとします。

阿多で椿の大木を探してみることにしました。木花之佐久夜

第4章　宇都と牟礼

比売の父、大山祇神(おおやまづみのかみ)を祀る神社に向かう道筋で、畑仕事中のおじいさんに道を訊ねたときのことです。車を降り旅の話などしているその畑の横に、大きな椿の木を見つけました。10mはあるでしょうか。おじいさんと一緒に喜び合いました。

写真82　椿の大木

　1つ2つ咲き残る椿の花に、木花之佐久夜比売に出会えたような、幸せな思いにつつまれました。一宿の契りで邇邇藝命は笠沙碕に出発してしまいます。天孫降臨の旅は、この先まだ何年も続けられました。そんな中、風土記逸文は木花之佐久夜比売の出産について記録しています。

風土記　逸文　薩摩国　竹屋村

「皇祖裹能忍耆命(ほのににぎのみこと)、日向の國曽於(そお)の郡、高茅穂の穗生の峯(くしふたけ)に天降りまして、これより薩摩國閼駝(あた)の郡の竹屋(たかや)の村に遷り給て、土人(くにびと)、竹屋守が女(むすめ)を娶して、其の腹に二人の男子を儲け給いけるとき、彼の所の竹を刀に作りて、臍(ほぞ)の緒(もう)を切り給ひたりけり。」

　2人の男子を出産する際に家の竹を刀に削り、へその緒を切ったと記します。旧加世田市舞敷野には笠沙宮跡が残ります。宮跡に立つとその向こうに竹屋ケ尾(たかや)という山が見えます。標高271mと低いので登ってみると「彦火火出見尊(ほほでみのみこと)

写真83　竹屋ケ尾の竹

（山幸彦）降誕之地」の碑がありました。登山道沿いには笹竹の林が多くあり、臍の緒を切った竹といわれています。

塩椎神

古事記では邇邇藝命が笠沙碕に着いたとき、塩椎神(しおつちのかみ)が登場します。この塩椎神（日本書紀では塩土老翁(おじ)）は、後の山幸彦や神武東征の際でも登場します。塩椎神について多くは記されていないのですが、ここの国主で別名を事勝国勝長狭(ことかつくにかつながさ)といい、邇邇藝命に国譲りをしたことになっています。

また事勝国勝長狭は須佐之男命の子だとしています。「事勝国勝」は須佐之男命が、天照大御神との誓約(うけい)で勝ったことを示しています。邇邇藝命の父、天忍穂耳もこの時の生まれなので、正しくは正勝吾勝勝速日天忍穂耳命(まさかつあがかつかつはやひ)で「勝」が出自を示しています。

出雲より遠く離れたこの薩摩にも出雲の力が及んでいたのでしょうか。そして、出雲で国譲りが進んでいたことが伝わっていたのかも知れません。

坊津の宇都

笠沙碕（野間半島）の岩場で越冬した一行は、亀ヶ丘、陣ノ尾からのサポートを得て坊津(ぼうのつ)に着いたようです。泊浦に宇都(おじ)が見つかります。海辺にあり、地元の方に尋ねても、田んぼはないようです。宇都が谷奥の村に限らないことが分かりました。

写真84　坊津の宇都

第 4 章　宇都と牟礼

　隣の坊泊港には猿田彦を祀る船戸神社がありました。猿田彦達が船でやってきた痕跡です。

枕崎の宇都

　邇邇藝命の子・山幸彦が「無目籠の船(まなしかたま)」で海神の宮に行ったとき、船が着いたところ、との伝承が枕崎市にあるので訪ねてみました。当時、海が内陸に入っていたのか、現在の海岸線より花渡川を 2km も遡った「鹿篭(かご)」です。
　近くに宇都が見つかりました。花渡川支流の谷奥にある田んぼです。ここを経て辻風岡に向かったのでしょう。

牟礼と遺跡

　牟礼の地名は、弥生時代後期と思われる天孫降臨の旅で名づけたことが分かってきました。そこに住んでいた人の遺跡が見つかっても不思議ではありません。薩摩半島の遺跡を調べて見ました。
●橋牟礼川遺跡（鹿児島県指宿市十二町）
　　時代：縄文時代〜平安時代
　　特徴：開聞岳(かいもんだけ)の噴火で埋もれた遺跡で、発見された土器の地層の違いから、今ではあたり前と考える、縄文式土器は弥生式土器より古いことが証明された遺跡です。また隼人(はやと)の人達が倭人と異なる民族でなく、巨大な古墳をつくった人達と密接な関係を持つ

写真 85　橋牟礼川遺跡

ていたことがこの遺跡で分かってきました。

●弥次ケ湯古墳（鹿児島県指宿市十二町）
　時代：弥生・古墳時代
　特徴：直径 18m の円墳で、日本最南端の古墳です。

大牟礼

大牟礼は指宿港近くにあり、広くなだらかな丘です。上記 2 つの遺跡は大牟礼付近にあるので、当時ここに大きな邑（むら）があり、天孫降臨の人と接触があったと考えます。指宿神社の神幸祭は大きな天狗の像を先頭に、行列が浜下りする祭りです。先の地図 13 では亀ケ丘・辻風岡・指宿神社・大牟礼・根占（ねじめ）が立春の線上にありました。指宿神社の神幸祭は船で大隅半島に渡った浜下り行列が、祭りとして残ったように思います。

またムクノキを神の依（より）代（しろ）とする、田植え祭もあったと掲示されていたので、稲作との関係が深いことも分かります。

大隅半島の宇都と牟礼

大隅半島の宇都と牟礼の分布は地図 24 のとおりです。図を見ると半島中央部の肝属（きもつき）平野の南部に牟礼が集まります。こ

地図 24　薩摩の宇都と牟礼

れまで谷奥の宇都、なだらかな丘の牟礼と考えてきた内容と一致します。

上ノ宇都（錦江町）　大隅半島に上陸した根占港の近くにあります。このあたりは暖かいためか4月半ばで、田植え前の田んぼで育てたジャガイモを収穫中でした。神ノ浜の近くなので、この浜に上陸したことを残す意味の宇都かも知れません。

宇都（錦江町）　上ノ宇都から3kmほど北にあります。今度は神ノ川が近くにあります。谷は浅く数軒の村です。それでも最奥に、田植え前の水張りをした田んぼを見つけました。これぞ、古代からの「神さまの田んぼ」と感動しながら見入りました。

写真86　宇都

鬼ケ宇都（455m、錦江町）　根占から東に進んだ横掘の岡近くにある山です。庵の宇都山に続く2つ目の山になります。この先に縄文の立神(たてがみ)遺跡がありました。縄文の人々にも会っていると思われます。

写真87　鬼ケ宇都の山

大牟礼（鹿屋市吾平町(あいらちょう)）　横掘の岡から鹿屋(かのや)に向かう、九州自然歩道が通る山中にあります。大牟礼の高台の下に田んぼがあります。

花牟礼（肝属町）　台地にある塚崎古墳群の下を流れる、谷川

の最奥にあります。谷川の両側に田があり、古代この谷水の田んぼを足がかりに灌漑稲作を伝えた人達の、墳墓が古墳群になったと考えます。

尾牟礼（肝属町）　花牟礼よりさらに山中に入る高山川の支流の谷水を使った田んぼがあります。

こうして見てくると広い鹿屋のシラス台地上に、牟礼や宇都がないのは、水を得られないので灌漑稲作を伝える場所がなかったように思います。

訪ねることができなかった種子島の、牟礼と宇都の地形を地図で確認してみました。

宇都浦（南種子町）　宮瀬川の支流の谷奥で、谷水を利用する田んぼがあります。

大宇都（南種子町）　台地の上に村があり、牟礼の名でもよい地形に思われます。台地の下の谷奥に田んぼがあります。

大牟礼（中種子町）　標高50mほどの台地の上に村があります。台地の両側に海にそそぐ1kmほどの谷川があり、田んぼを耕作しています。

丘や岡が示す経路は種子島にありませんが、天孫降臨の際に海を渡り、灌漑稲作が伝えられたと考えます。

●広田遺跡　鹿児島県南種子町

この遺跡は宇都や牟礼が見つかった種子島にあります。弥生時代後期〜古墳時代後期の集団墓地で、副葬された貝符や貝輪など4,000点を超える貝製品が出土しています。もともとここ

に住んでいた人達に遠征隊は出会っていると思います。骨格から身長が成人男性で154cmと小人が特徴です。

久米島

琉球列島の遺跡から弥生時代の北部九州の土器や後漢の鏡、鏡片、勾玉が見つかっていることを知りました。当時の北部九州に見られる箱式石棺までが、宜野湾市の弥生後期の木綿原遺跡から見つかっていることに驚きます。貝塚からは、北部九州で見つかる貝輪の素材となるゴホラ貝の集積が見つかっています。

天孫降臨は高千穂峰から笠沙に向かい、その後どうなったか、何処に住み着いたのかが、記紀の記述では分からないため、沖縄との関係まで拡大解釈できませんでした。今、天孫降臨の遠征が、種子島まで出向いた痕跡が見えてくると、沖縄との関係がむしろこの時に濃密になったと解釈したほうが、現実的と考えます。

沖縄本島の西90kmに久米島があります。天孫降臨に参加した久米氏はこの久米島を経て、南方から倭国に米を伝えたとする説を見ました。反対方向に天孫降臨の際に訪れていたのが、大久米命の人達で、貝輪など珍しいものを求めて訪ね、また住み着いた人がいたのかも知れません。その交流の代価とした勾玉が多く残ったと考えます。714年（奈良時代）に、球美（久米島の古語）の人が奈良にきたことが、「続日本記」に書かれています。

シラス台地を進む

野間半島の「西の丘」の近くで越冬していることから、丘続きのはじめの丘付近で冬を越したと思われます。すると、3年目の越冬は霧島ヶ丘付近になります。種子島遠征を除くと、西の丘〜

霧島ケ丘では、1・2年目に比較し稲作伝播地が少ないように思えます。種子島遠征があったとすると納得できます。

次は陣ノ岡からのサポートを受けて、串間市に向けて進みます。

釜ケ宇都（大崎町）　上の段と下の段の境に草野丘があります。その下の段側に釜ケ宇都があります。谷川はさらに深く、村付近の耕作地は畑作のように見えました。

宇都・宇都鼻（志布志市）　宇都を調べるきっかけとなった宇土丘の麓にあります。麓には田んぼが広がります。山際で出会ったおばあさんに訊ねると、「現在は遠くからトンネルで水を引いてきているが、昔は宇都山の湧き水で田んぼをしていた。今も水は出ているが、大雨だと溢れて大変」と話されて、山の湧き水の場所に案内してくれました。竹の子が大きくなりかけた竹藪を分け入りました。

写真88　宇都のおばあさん

写真89　大牟礼

大牟礼（日南市）　串間市から日南市に向かう道の中間、鯛取山の麓にありました。[32]

[33]の丘の間は勿体岡が1つですが、日南市方面に遠征していたことが分かります。

猪ケ宇都（志布志市）　山頂の見晴らしが素晴らしい、岳野丘

の麓にありました。谷筋の田んぼを数百m遡ると、湧き水の取水所がありました。猜疑心の猜を頭にしたこの意味はどういう意味なのでしょう。

弥五郎どん

天孫降臨隊は岳野丘で5年目の春を迎え、曽於の谷に入ることになり

写真90　岩川の弥五郎どん

ました。この「丘と岡」を訪ねる旅で、曽於市大隅町岩川にある青銅製の身の丈15mもの弥五郎どん像を見ました。大隅町には巨人伝説「弥五郎どん」があって、大きな人形を先頭に街中を練り歩く神幸祭「浜下り」があります。ここ大隈町の岩川八幡神社、宮崎県山之口町の的野八幡宮、日南市の田之上八幡神社の「弥五郎どん」は同じ弥五郎なのに長男、次男、三男の兄弟とのことです。

この大隅町の銅像は武内宿禰(たけのうちのすくね)の姿でしたが、いろいろな説があって天孫降臨を先導した猿田彦命は背の高さ7尺あまりの大男と日本書紀に記すことから、この猿田彦命にあてはめる説もあります。また720年隼人の乱の首領が、この大人(おおひと)弥五郎だとする説もあります。

「丘と岡」には［12］弥三郎ヶ岡、［23］甚九朗岡がありました。［46］黒崎丘の尾根の山頂が七朗山でした。また上甑島を案内した人の名が船間島十郎でした。数は異なるが、「〇郎」の形式が一致します。

この神幸祭が3社とも「浜下り」と称する疑問にぶつかります。大隅町岩川は大隅半島の付け根の中央で、浜に出るには東西どち

第1部　丘と岡が明かす天孫降臨

らに進んでも15km以上あります。山之口町も同じです。昔日はどうだったか分かりませんが、今は町内数kmの渡御です。

先に記した指宿神社の神幸祭も、「浜下り」と称していたことを思い起こします。そこで九州で神幸祭を「浜下り」と称する神社をネットから探し出すことにしました。

結果、26の地域の神社が見つかりました。高千穂町の高千穂神社が最北で、南九州に集中していることが分かりました。丘や岡、また宇都や牟礼の分布と同じです。南は種子島近くの屋久島でも、「浜下り」は行われていました。

写真91　指宿神社の像

表6　九州の浜下り祭事（1）

No	神社	所在地	天孫降臨の名残
1	高千穂神社	宮崎県高千穂町	祭神・邇邇藝命
2	都農神社	宮崎県都農町	日向国一ノ宮
3	都萬神社	宮崎県西都市	祭神・木花咲耶姫
4	田之上八幡神社	宮崎県日南市田之上	
5	栗野神社	宮崎県高岡町	
6	的野八幡宮	宮崎県山之口町	巨人・鉾の赤面
7	鹿児島神宮	霧島市隼人町内	
8	帖佐八幡神社	姶良市鍋倉	
9	八幡神社	さつま町湯田	

第4章　宇都と牟礼

九州の浜下り祭事（2）

No	神社	所在地	天孫降臨の名残
10	照島神社	いちき串木野市西島平町	
11	日置八幡神社	日置市日吉町	巨人・田植え
12	伊佐智佐神社	鹿児島市和田町	
13	多夫施神社	南さつま市金峰町尾下	祭神・降臨の隋神
14	伊勢神社 大山祇神社 恵比寿神社	南さつま市笠沙町片浦	
15	八坂神社	南さつま市坊津町坊	天狗面が先頭
16	揖宿神社	指宿市東方	猿田彦の巨人
17	御崎神社	南大隅町佐多馬籠	
18	栗生神社	屋久島町栗生	
19	戸柱神社	肝付町波見	祭神・猿田彦
20	高千穂神社	鹿屋市花岡町	祭神・邇邇藝命
21	山宮神社	志布志市安楽	
22	岩川八幡神社	曽於市大隅町	
23	東霧島神社	都城市高崎町	邇邇藝命を祀ります
24	勝栗神社	湧水町栗野	
25	八幡神社	伊佐市大口大田	
26	箱崎八幡宮	出水市上知識町	

＊天孫降臨の道程順に記載しています。

第1部　丘と岡が明かす天孫降臨

天孫降臨を「浜下り」と呼んだ

　弥五郎どん兄弟の祭りは八幡神社の祭事なので、殺生を戒める放生会が行われる八幡神社に由来して、隼人の乱で亡くなった大人弥五郎の鎮魂とする説があります。ところが八幡神社のみならず、祭神が邇邇藝命の神社もあります。はっきりと猿田彦命とする神社もあって、「浜下り」は天孫降臨の名残のようにも見えます。

　これまでの記述は、この遠征に名前がなく天孫降臨の一行などと記してきましたが、当の遠征隊は高千穂町の高千穂神社に到着後、延岡の浜に向かう際、自分達の行動を「浜下り」と呼んだと考えました。その後もこの遠征を「浜下り」と呼んでいたのでしょう。

　ただ、なぜ「数朗」なのか、「弥五郎どん」なのかは解けません。「弥五郎どん」が猿田彦命のことだとしても、なにも「弥五郎」と名を変える理由が見つかりません。

沖縄の浜下り

　沖縄にも盛んな浜下りがあり、これをハマウリあるいは3月3日に行われるので、サンガチャー、サニツなどと呼んでいます。ハマウリ（浜下り）とは神社の神幸祭ではなく、「海浜に下りて災厄を祓い清める習俗、または旧暦3月3日に御馳走を持って海浜へ行き、潮に手足を浸して不浄を清め、健康を祈願して楽しく遊ぶ行事」とあります。

　調べると奄美大島から与那国島と南端の島まで、今も盛んに行われている行事であることが分かりました。不浄を清めるための水遊びの心が、禊との共通性を感じさせます。

曽於の宇都と牟礼

　宇都谷（曽於市末吉町）　天ケ峯の麓の谷川沿いに田んぼがあ

り、最奥の田まで、歩いて進んでみました。ここで気づいたことは宇都の近くには峯・峰と付く山が多いことです。鹿児島から権現ケ尾を越えた先の宇都も高峰の麓にありました。高千穂峰も稲作の意味です。峰や

写真92　宇都谷

峯に潅漑稲作の水を得る山のような意味があるかも知れません。

神牟礼（曽於市大隅町）　神の文字が入ることから、特別なのでしょう。谷から坂を登ると開けた岡の上に出ました。この時は見つけられませんでしたが、地図では岡からの谷川沿いに田んぼがありました。

牟礼木（都城市梅北町）　末吉町の宇都谷近く、天ケ峯の北側にある村です。北側はなだらかな高台の風景なので、牟礼になったのでしょう。

牟礼水流（都城市）　村の東が徳岡山で西は鉢ケ峰です。村人の話では、武士が住んだ村で、村中を流れる高崎川の源流にある御池の水利権がこの村にあると話されていました。周辺より早く田んぼを開拓したため水利権が生じたと考えました。

潅漑稲作の伝播

宇都と牟礼を訪ねて旅しながら、なぜ谷奥の上流なのか、岡の麓なのかを考えてきました。潅漑稲作に水は欠かせません。川の下流から開拓を始めれば、上流開拓のとき水争いが生じることを、北部九州からやってきた天孫降臨の人達は経験し、知ってい

第 1 部　丘と岡が明かす天孫降臨

たのではないでしょうか。
倭国乱と呼ばれる卑弥呼登場前の乱も、このような水争いが原因だったかも知れません。

写真 93　谷水の取り込み口

関東でいう谷戸地形から灌漑稲作が始まった見解はこれまでもあったようで、今回、それを裏付けたことになります。

稲作の伝播は、人の交流とともに自然に拡散していったと考えていましたが、そうではなく天孫降臨や東征のような、大きなできごとによるものと思えてきました。日本への伝播も「徐福渡来」などのできごとが作用したかも知れません。中国の稲作伝播速度やヨーロッパの農耕文化の移入速度に比較し、日本国内の伝播速度は驚異的とのことです。天孫降臨、神武東征、日本武尊東征で各地の拠点に灌漑稲作を伝え、拡散したと考えれば納得できます。

鉄農具なしには開拓できないので、同時進行だったのでしょう。上流から下流へどのように開拓したか興味が生まれます。その下流に「水流（つる）」の地名が南九州に多く見られます。

鵜戸

5 年にわたる遠征を続けてきた邇邇藝命は、土然ケ丘の麓で越冬し春、残りの 2 年の経路を猿田彦命に託して別れます。別れの

地図 25　南九州の鵜戸分布

第4章　宇都と牟礼

場所・高都萬神社と土然ヶ丘の間の麓に鵜戸原(うとばる)がありました。

越冬の間にも兵達を、遊ばすことなくこの鵜戸原の開墾にあてたのでしょう。鵜戸地名は全国に8件あり、内5件が宮崎県、他の1件が大隅半島でした。鵜戸は宇都のあて字の誤りでなく、鵜戸は宇都の中で特別な意味があったように思います。鵜戸神宮の鵜戸も特別な意味だったことが見えてきます。

猿田彦命の浜下り

猿田彦命の浜下りは、小林市〜湧水町〜伊佐市〜出水市〜長島町と進んだと思われます。2年をかけた浜下りです。この経路の宇都と牟礼を地図に表示しました。

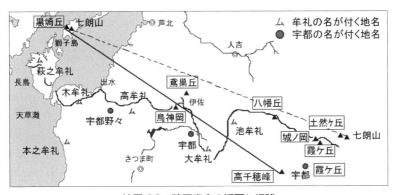

地図26　猿田彦命の浜下り経路

土然ヶ丘の横にも七朗山を見つけました。弥五郎の次の七朗にどんな意味があるのでしょう。最後の岡の黒崎丘が七朗山の尾根ですから、土然ヶ丘と続いていると考えます。土然ヶ丘で邇邇藝命と別れた猿田彦命・天宇受売命の、行程を記録した2つの七朗山なのでしょう。

第1部　丘と岡が明かす天孫降臨

池牟礼（えびの市浦）　高くない山に囲まれた谷奥にありました。宇都でもよい地形です。

大牟礼（湧水町幸田）　大牟礼の名にふさわしく、なだらかな岡がある田園地帯です。「田の神」や「農魂」の碑がありました。たまたまお会いした人が大牟礼さんで、家の横には小さな地神の石があると言うので見せてもらいました。きっと先祖代々この大牟礼を大事にしてきたのでしょう。最奥にある棚田100選の田んぼを教えてもらい訪ねました。石垣の棚田は古代からの農魂を感じました。

写真94　農魂の碑

宇都（伊佐市菱刈南浦）　ここにも峰の名の瓜之峰(うりのみね)がありました。この峰の谷水を使った田んぼです。

高牟礼（出水市下大川内）　国道より山中に入った高牟礼川の横に高牟礼はありました。最川上の田んぼは変わりません。

木牟礼（出水市下大川内）牟礼の名に合った低い丘の谷水の田んぼがあります。

宇都野々（出水市武本）　出水平野への出口付近にあり、牟礼の地名でもよいなだらかな地形でした。

本之牟礼（阿久根市大川）　深い山中で宇都の名がふさわしいところです。村はすでに廃村

写真95　宇都野々

第4章　宇都と牟礼

のようで、廃校の小学校が見つかりました。田んぼらしきものは見つかりませんでした。

宇都（薩摩川内市網津町）　川内川河口近くに宇都を見つけて、薩摩川内市まで戻りました。小さな谷奥の田んぼは、家々の中央にありましたが耕す人はおらず休耕地となっていました。

黒之瀬戸

阿久根市の北部と長島の間に、八代海と東シナ海を結ぶ黒之瀬戸と呼ばれる、幅500m、長さ4km程の海峡があります。今は橋が架かるが浜下りの際、何処から何処に渡ったか興味が涌きます。出水市付近の浜から八代海を渡ると10数kmになります。

たしかな証拠が残るわけではないのですが、海峡北端の長崎鼻付近の入り江から対岸の明神ノ鼻付近の入り江1.5kmを渡ったと考えました。天つ神が現れた意味の明神と考えます。後世、近くの加世堂湾に入る航路となったようで、湾を見下ろす丸岡鼻に采配した人の古墳がありました。

長島には立神遺跡や明神ケ浜下岡遺跡、明神遺跡など神の文字入り地名が多く残ります。立神遺跡は大隈半島の遺跡と同名です。長崎鼻は開聞岳の麓にもありました。立神や長崎鼻は九州の西岸に多く見つかります。長崎鼻は全国で最も多く見つかる、陸地の飛び出しに付けた同名の鼻地名です。調べれば古代の航路を見出せるかも知れま

写真96　明神ノ鼻の入江

第1部　丘と岡が明かす天孫降臨

せん。別途、検討してみることにします。
　長島の牟礼と古墳を訪ねてみました。
　牟礼（長島町平尾）　天草に渡る蔵之元に向かう途中、開けた山中にありました。小さな谷奥の田であることは変わりません。
●立神遺跡（鹿児島県出水郡長島町平尾萩之牟礼）
　時代：縄文時代〜古墳時代
　特徴：長島は西岸の丘の上と浜近くに、多くの遺跡が残ります。縄文時代から続く遺跡なので、ここに「浜下り」の遠征があって、立神や牟礼の地名が残されたのでしょう。
●明神遺跡・明神ケ浜下岡遺跡（鹿児島県出水郡長島町）
　時代：弥生、古墳時代
　特徴：天草の牛深に近い、対岸の浜にあります。海よりわずかに高い丘の林の中、多くの石積みの室が露出していました。

写真97　明神　　　　　写真98　明神遺跡

宇土

　丘と岡の最後が獅子島の黒崎丘付近で終端となり、宇都や牟礼も長島付近で終わっています。土然ケ丘での別れが高天原への帰還であればこの先、天草から島原に渡ったことが予想されます。

第 4 章　宇都と牟礼

　そんな中、宇都を同じ読みで宇土とも書くことが、近くの宇土半島で気づきます。そこで、また九州の宇土を調べることにしました。地図27です。全国で34ヶ所見つかり、その内29ヶ所までが九州でした。

　宇都が南九州に分布していて、宇土は中部から北部九州にほとんど分布していることが分かりました。線で結んだような関係の配置と考えまし

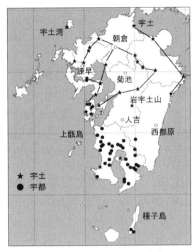

地図27　九州の宇都と宇土

た。環状の配置は魏志倭人伝に記す狗奴国があったと思われる山鹿・菊池・熊本方面を取り囲んでいるように見えます。

　東海岸の宇土は神武東征の際の名付けと考えました。伊都国があったとされる糸島市の日向峠近くに「宇土」が見つかりました。この宇土地名が各地に伝えられたと考えます。

　環状が上益城郡山都町や宇土半島を巡っていて、菊池方面と人吉方面を遮断しています。狗奴国の範囲が人吉方面に及んでいなかったことが推測できます。

　熊本平野と人吉地方は五木付近の深い九州山地や球磨川の渓谷で隔絶されていて、当時の道路状況では、一体的な政治勢力が生まれなかったのでしょう。狗奴国の勢力範囲

写真99　糸島市の宇土

第1部　丘と岡が明かす天孫降臨

が分からなかったため、過大評価されて狗奴国が日向から東征したとする説もありますが、この囲まれた地域の勢力では倭国に滅ぼされたと考えます。このことは、後の検討でも痕跡が見つかりました。

表7　全国の宇土地名

No	地名	所在地	No	地名	所在地
1	宇土	大分県日田市	18	宇土手	佐賀県武雄市
2	宇土谷	熊本県小国町	19	宇土	福岡県柳川市
3	宇土	熊本県小国町	20	宇土越	佐世保市
4	芳ヶ宇土	熊本県阿蘇市	21	宇土湾	長崎県壱岐市
5	宇土	大分県竹田市	22	杉宇土	佐賀県唐津市
6	岩宇土山	熊本県八代市	23	宇土	佐賀県唐津市
7	宇土割	熊本県宇城市	24	宇土	福岡県糸島市
8	宇土市	熊本県宇土市	25	宇土山	南さつま市
9	東宇土	熊本県天草市	26	宇土	鹿児島市
10	宇土	熊本県天草市	27	宇土内谷	宮崎県延岡市
11	宇土迫	熊本県天草市	28	宇土崎	大分県佐伯市
12	枦宇土町	熊本県天草市	29	宇土	北九州市朽網
13	宇土野	熊本県天草市	30	宇土の崎	宇和島市
14	宇土	熊本県苓北町	31	西宇土	広島県呉市
15	宇土	長崎県南島原市	32	宇土	兵庫県篠山市
16	宇土町	長崎県島原市	33	宇土金	静岡県下田市
17	上宇土	長崎県諫早市	34	宇土野町	石川県羽咋市

第4章　宇都と牟礼

　また魏志倭人伝では、投馬国へ水行20日と船での行程を記録しています。東松浦半島の呼子付近から下関海峡を通過する時計回りと、九州の西岸を進む反時計回りが考えられます。西岸を進むこの宇土の道であれば、全て倭国関係の国々を経て投馬国に行けることになります。

　天草から島原、諫早、武雄、唐津を経て糸島の伊都国に戻る経路は、天宇受売命が猿田彦命を送ろうとした帰還の経路ではと考えます。宇都が遠くの諫早に、ポツリと1つあったことも関係がありそうです。この経路を訪ねて、猿田彦命の残影を探してみることにしました。

天草への渡海

　長島から天草へは、何処から渡ったのでしょう。現在は蔵之元(くらのもと)の港から天草の牛深(うしぶか)にフェリーが連絡しています。乗船してみると蔵之元は湾が深い港で

地図28　天草への渡海

した。先の明神遺跡の浜から牛深は直線的に進めるので、明神浜から渡ったと考えました。牛深の後方には遠見山があり、この渡海をサポートしたのでしょう。距離は7kmほどで、明神浜まで見通しがあります。蔵之元を出発すると船が島影に入り、見失う航路であることも分かりました。

　このように新しい国、投馬国から伊都国への航路、道が拓かれたのでしょう。その後、この渡海を采配した人達の墳墓が明神遺

123

第1部　丘と岡が明かす天孫降臨

跡として残ったと考えます。

天草から伊都国へ

　天草の牛深に上陸した一行は、北上します。表7のように天草には多くの宇土地名が残ります。幾つかの宇土を訪ねましたが、山深い「宇土迫」を除いては、やはり谷奥の田がある風景でした。その宇土から推測すると、枦宇土町付近から苓北町の富岡方向に進んだように見えます。富岡は砂州でつながる島で、今は富岡城址があります。この岡の名も一連の浜下りの痕跡かも知れません。

　ところが天草では「浜下り」ではなく、「お上り」「お下り」と称する神幸祭が多いことが分かりました。この神幸祭は「おくんち」とも呼ばれ、北西部九州で盛んに行われています。

　この「くんち」の行列の先頭を天狗のように鼻の長い面の、猿田彦命が勤めていたりしていることを知りました。行列の中ほどに大幡を掲げ、鏡や御座舟が登場する動画を見て、天孫降臨の行列を想像しました。

　一行は島原に渡ったのでしょう。天草下島の北端の鬼池港付近宮津から島原の口之津南端までは、わずか5kmです。鬼池港の背後には天神山、口之津に烽火山が残るのも、この渡海の合図の場所だったのでしょう。

　さらに島原半島の東岸を北に向かいます。南島原の宇土を訪ねると浅い谷でした。なぜここが宇土になったかを考えたとき、谷の先に普賢岳を見つけて

写真100　南島原市の宇土

感動し、納得しました。どの宇土を訪ねても必ず感動があります。この東の海の有明海を渡れば大牟田は近く、矢部川か筑後川を遡れば、高天原の朝倉はまもなくです。柳川市の宇土地名から推測して、この海も渡っていたかも知れません。

諫早

　伊都国に通じる道の、諫早は３つの海、有明海、大村湾、橘湾に面し、陸の要のような場所です。ここに宇都と宇土が残ります。宇都は最北の宇都になります。諫早市の中心で諫早神社があります。近い場所で同時に異なる文字の「うと」の名付けは考えがたく、別な遠征での名付けと考えます。

　宇土の地名つながりを見ると、武雄を経て伊都国の糸島市に向かうルートがあったように見えます。天孫降臨が阿蘇を越え幣立神宮付近に下りたとき、西に流れる緑川流域が狗奴国の領域でないことを知り、西回りで伊都国に至る道を開拓していたのかも知れません。しかも「お上り」「お下り」の名は、このルートで長年、往来があって、大王や妃も伊都国へ何度か戻っていたことが推測できます。伊都国の糸島市には天降神社があり、国の中心の細石（さざれいし）神社が木之花開耶姫命を、祭神とすることも納得できます。

宇土手（武雄市東川登町）　六角川の支流の谷がいくつもあり、古代の灌漑稲作に適した場所です。この付近から有田を経て伊万里湾に出るルートがあったように思います。
宇土越（佐世保市里美町）　有田から佐世保へ峠を越えたところにあります。棚田が続きます。
杉宇土（唐津市厳木町）　松浦川の上流域で山中を伊都国の糸

島市に向かう道があります。

宇土（唐津市浜玉町）　杉宇土より、さらに上流で峠近くにあります。

猿田彦命の終焉の地か

猿田彦命が溺れたという場所の阿邪訶（あざか）は、伊勢の阿坂と言われています。訪ねてみると坂と名づくように標高40mほどあり、また海まで4kmもあり、縄文の海進があったとしても溺れたとする場所には、解せないところがあります。諫早に佐田や佐田岳が先の調査で見つかったので、猿田彦命終焉の地の名残ではと考え、佐田岳を訪ねてみました。

佐田岳は橘湾に面してあります。形の良い山に名づけるなら他に可能だった山です。この山でなければならなかったのでしょう。海側の中腹を進む農道に入ってみました。畑の横に祠があり、ジャガイモを収穫中の方に尋ねると安徳天皇を祀る祠で、この山下の海に流れ着いた伝承があるとのことでした。

さらに進み佐田岳の尾根先に出ると、手作りの鳥居があったので、そこを100mほど山に入ると石積みの遺跡のよう

写真101　祭祀跡？

写真102　猿田彦命水難地？

な場所に出ました。村人に確認すると、やはり安徳天皇との関係を話してくれました。

安徳天皇の入水は下関だったので、ここに流れ着くことはありません。猿田彦命の水難は安徳天皇の入水より昔のことです。この山下にあった水難の伝承が安徳天皇に結び付けられた可能性もあります。古代の祭祀の如く残る石積みにそんな思いをしました。

地図29　猿田彦命水難の地？

尾根下の海岸に下りると岩場の浜がありました。

地図29は佐田岳、松尾岳、鎌倉山を結んでいます。祭祀の場所と水難の海岸を指し示したのではと考えたのです。この指し示した先の先が、やはり高千穂峰を指し示すのは偶然なのでしょうか。鎌倉山など〇倉山は後に注目する山となりました。

もうひとつ、決定的と思える事実が判明しました。天孫降臨には薩摩半島の弥三郎ヶ岡、大隅半島の曽於には弥五郎どん、邇邇藝命と別れた後の工程は、七朗山で獅子島に続いていました。では、この先に九朗山がないか探してみました。そして佐世保市に九朗戸ケ倉山を見つけたのです。驚いたのは、獅子島の七朗山から九朗戸ケ倉山に結んだ直線が、佐田岳を通過させていたことです。

出世山のような三・五・七・九が猿田彦を表すこと、佐田岳付近が猿田彦の終焉地であることが、裏付けられたように考え

第1部　丘と岡が明かす天孫降臨

ます。しかも、佐田岳周辺には八郎岳、八郎川、八天岳が見つかります。佐田岳山中には八ノ久保の地名まであります。八郎岳は九州に足跡を残した、鎮西八郎為朝由来説がありますが、反対に八郎為朝は八郎岳に由来す

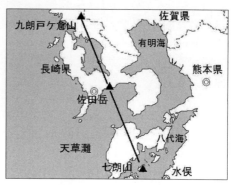

地図30　九朗戸ケ倉山

るかも知れません。さらに付近に集中する○尾岳や権現山は組み合わせで、佐田岳や遭難の海域を指示しているように見えます。地図29・30です。

　終焉の地問題の解決には、「阿邪訶」の地名の謎が解けなければ解決しないのでしょうか。古事記はこの3字は音で以って読むとあり、あて字であることが分かります。伊勢の阿坂が本来の地ならば、このようなあて字にはならなかったように思います。

　山では力を発揮する猿田彦命も、海には慣れていなかったのかも知れません。高天原を出て20年近い年月だったと思います。夢のように充実した年月だったに違いありません。この夢のような時間も終わりに近づいたとき、この時間が永遠に続くよう、この夢の中に身を沈めたかも知れません。その心を古事記は次のように述べています。

「故、その底に沈み居たまひし時の名を、底どく御魂と謂ひ、
　　その海水のつぶたつ時の名を、つぶたつ御魂と謂ひ、
　　そのあわさく時の名を、あわさく御魂と謂ふ。」

第5章　世代交代

天子降臨

　天孫降臨の前に邇邇藝命の父、天忍穂耳命を降らす天子降臨があったことを、古事記と日本書紀一書第二に記しています。天照大御神（卑弥呼）の並々ならない、新しい国づくりへの意欲が見えてきます。

　古事記では次のように記しています。

　天照大御神の命をもちて、「豊葦原の千秋長五百秋の水穂國は、我が御子、正勝吾勝勝速日天忍穂耳命の知らす國ぞ」と言よさしたまひて、天降したまひき。ここに天忍穂耳命、天の浮橋に立たして詔りたまひしく、「豊葦原の千秋長五百秋の水穂國は、いたく騒ぎてありなり」と告りたまひて、更に上りて、天照大御神に請したまひき。

　日本書紀では次のように記しています。

　すでに天照大神は思兼神（記は思金命）の妹、万幡豊秋津姫命を正哉吾勝勝速日天忍穂耳尊に娶あわせ、妃として葦原中国に降らせられた。そこで勝速日天忍穂耳尊は、天の浮橋に立たれて、下を見下していわれるのに、「あの国はまだ平定されていない。使えない気の進まぬ平でない国のようだ」とおっしゃって、再び帰り上って、詳しく天降られないわけをのべられた。このため天照大神がまた武甕槌神と経津主神を遣わして、先行して討ち払わさせられた。

第1部　丘と岡が明かす天孫降臨

　この天子降臨でも天孫降臨と同じように、五伴緒や部隊を率いていたと考えます。ここで古事記が記す、豊葦原の千秋長五百秋の水穂國について何処なのか、いろいろな解釈があります。秋の実り多く潅漑稲作に適した、豊な葦原が続く国とも解釈できます。

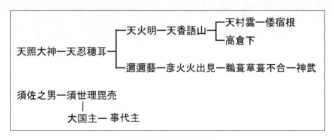

図8　世代交代図

　天忍穂耳尊は子の火明命(ほあかり)を伴って丹後まで進んだのでしょう。京都府宮津にある籠神社は天火明命を主祭神としていて、神社に伝わる国宝の系図には、始祖天火明命に始まる海部氏の系図が残されています。

　天忍穂耳命が詔した天の浮橋は、天橋立かも知れません。結局、天忍穂耳命は「あの国はまだ平定されていない。使えない気の進まぬ平でない国のようだ」と、火明命を残して高天原に戻ってしまいました。国づくりの期待を掛けた天忍穂耳命が戻ってきて、天照大御神の落胆は大きかったことでしょう。

　詳しくそのわけを述べられたとなっていますが、詳細は記されていません。ただその後、「葦原中国の平定」の名のもとに出雲の国譲りを迫ったことから推測できます。これは正統性の問題と考えます。子の火明命が落ち着いた先の丹波は、広い東の国の一角でしかありません。多くの国や村々に主がいて、それを束ねていたのが、出雲の大国主命であることが分かってきたのです。

このまま努力しても、全てを平定することは叶わないことが、天忍穂耳命には見えてきたのでしょう。「丹後風土記残欠」と呼ばれる古文書に次のような一文が残ります。

「志楽郷　本字　領知（しらく）志楽と名付ける理由は昔、少彦名命（すくなびこな）、大穴持命（大国主命の別名）が天下を治める所を巡覧し、此の國を全部巡ってしまって、さらに高志（こし）の國に到った時に、天火明神を召して仰るには『汝命はこの國をしらすべし』と。火明神、大いに喜んで『永母也青雲の志良久国（ながくもや、あおくもの、シラクのくに）』と云った。それで志楽と云う。」

志楽は舞鶴市の東部です。火明命が丹波に落ち着いたことも、大国主命の許しがあったからでした。許された立場では、たとえその後、全国を平定したとしても、その平定の結果には永遠に正統性が生まれないことを、天忍穂耳命は力説したと考えます。

丹波の火明命は大国主命の娘との間に天香語山命（あめのかごやま）をもうけて戦略的な手段も講じました。播磨国風土記では、火明命は大国主命の別名、大汝命の御子と記しています。強情で行いが荒々しい為、大国主命は火明命から遁れ棄てようとしています。

葦原中国の平定

大国主命が認めた各地の豪族が力をつけ、鉄の武器が広まれば、悲惨で大きな乱を、天照大御神は想像したでしょう。絶対に避けなければなりません。

正統で覆らない王の国をつくる決意はさらに固まりました。天照大御神にとって大国主命は、弟である須佐之男命の娘婿です。

第1部　丘と岡が明かす天孫降臨

　ここで国譲りを求めることができるのは、天照大御神しかいません。早速、人を派遣することとしました。葦原中国の平定の始まりです。
　次々と国譲り交渉に人を派遣しますが、大国主命に懐柔されて戻ってきません。
　1）天菩比神（あめのほひ）（日本書紀は天穂日命）
　　　　大国主神に媚び附きて、3年に至るまで復奏せざりき。
　2）武三熊之大人（たけみくまのうし）
　　　　天穂日命の子・武三熊之大人を派遣したが、父におもねて戻らず。
　3）天若日子（あめのわかひこ）（天稚彦）
　　　　大国主神の女、下照姫と結婚して、その国を獲むと慮りて、8年に至るも復奏せざりき。偵察に雉子を派遣するが天若日子に弓矢で殺される。天若日子もその還り矢で殺される。
　4）建御雷之神（たけみかづちのかみ）（武甕槌神）、天鳥船神（経津主神）
　　　　出雲の伊那佐浜で大国主命に、国譲りを迫るが大国主命は子に一任する。子の事代主神は国譲りを了解して隠れる。

　諏訪に逃げた越国の建御名方神（たけみなかた）も服従しました。葦原中国の平定が、天菩比神の出雲派遣で始まり、大国主命の子の事代主神が服従し、建御名方神も服従するまで何年を要したのでしょう。天菩比神と天若日子の戻りを、待ち続けた年数のみで11年になります。建御雷之神、天鳥船神が戦いの準備をして出征し、事代主神の服従後も各地を転戦して、遠く諏訪から戻るまでには相当の年月を要したと考えます。派遣した人の登場順を表にしてみました。

第5章　世代交代

表8　葦原中国平定での主な登場人物

	古事記	日本書紀			
		本文	第一	第二	第六
1	天照大御神	高皇産霊尊の思い	天照大神の命	天神の命	高皇産霊尊の勅
2	天忍穂耳の天降り		天忍穂耳命結婚天降り		天忍穂耳命結婚
3					天火明命誕生
4		瓊瓊杵尊誕生			瓊瓊杵尊、誕生
5	天菩比神、3年戻らず	天穂日命、3年戻らず			
6		武三熊之大人戻らず			
7	天若日子、派遣。8年戻らず	天稚彦を派遣	天稚彦、8年戻らず		天稚彦を葦原中津国へ
8	雉、鳴女を派遣	無名雉を派遣	雉子		雄雉、女雉を派遣
9					瓊瓊杵尊、天降り
10	建御雷神、天鳥船神を派遣	経津主神、武甕槌神を派遣	武甕槌神、経津主神を派遣	経津主神、武甕槌神を派遣	
11	事代主神服従	事代主神服従	事代主神服従	事代主神服従	
12	御名方神服従	香香背男服従		香香背男服従	
13	大国主神、国譲り			大物主神、事代主神服従	
14				天忍穂耳、天降り	
15	邇邇藝命、誕生		瓊瓊杵尊、誕生	瓊瓊杵尊、誕生	
16	邇邇藝命、天降り	瓊瓊杵尊、天降り	瓊瓊杵尊、天降り	瓊瓊杵尊、天降り	

　大国主命の子の事代主神が国譲りを了と判断しているので、この時、事代主神と同世代の邇邇藝命は、すでに大人になっていたと推測します。

天孫降臨の開始時期

　天忍穂耳尊の天降りや、邇邇藝命誕生の時期について書によって異なることが分かります。一書第二では具体的に天忍穂耳命の

天降り途中に生まれたと記しているので、葦原中国平定開始頃には生まれていたと考えます。そして、一書第六が雄雉、女雉の派遣後に天孫降臨を記しています。

この頃に天孫降臨が行われたのであれば、邇邇藝命は11歳余の少年になっていて、旅が可能な年齢です。また、軍事の長、天忍日命や大久米命が出雲に派遣されず、建御雷之神、天鳥船神が出雲に向かったのも、天孫降臨の伴をしていたためと考えます。

天照大御神と須佐之男命誓約後の、天岩屋戸事件の時に活躍した五伴緒の人達が、天孫降臨に再登場することも納得できます。

さらに、葦原中国平定半ばの天孫降臨であれば、出雲に向かわず南九州の日向に、向かった謎も解けてきます。葦原中国平定する間に国づくりのための、力をつける必要があったのでしょう。

木花佐久夜比売の出産

山幸彦、海幸彦を生んだ木花佐久夜比売の出産が、いつ、どこであったかは、記紀の記述を読むと多説があり謎が生まれます。

記紀は次のように記します。

古事記「故、後に木花の佐久夜毘売、参出て白ししく、妾は妊身めるを、今産む時に臨りぬ。この天つ神の御子は、私に産むべからず。故、請す。とまおしき。」

後に木花佐久夜比売がやってきて、「私は妊娠し、出産の時を迎えています。天つ神の子なので、勝手に生むことはできません」と申し出たのです。

日本書記本文「……すると一夜だけで妊娠した。皇孫は偽りだろうと思われて、『たとえ天神であっても、どうして一夜の間に孕ませることができようか』お前が孕んだのはわが子ではある

まい』といわれた。」
　日本書記一書（第二）「……吾田鹿葦津姫（あたかしつひめ）が、皇孫をご覧になっていわれるのに、『私、天孫の御子を身ごもりました。こっそり出産するわけに参りません』と。」
　日本書記一書（第三）「そのとき竹刀で御子の臍の緒を切った。その捨てた竹刀が、後に林となった。そこでその所をなづけて竹屋という」
　日本書記一書（第五）「……一夜で孕まれた。そして四人の子を生んだ。そこで吾田鹿葦津姫は、子を抱いてやってきて言われるのに、『天神の子を、どうしてこっそり養うべきでしょうか。だから様子を申し上げて知っていただきます』という」

　古事記、日本書記本文、一書（第二）は、出産前にやってきた内容ですが、どこへやってきたかは不明です。一書（第三）、一書（第五）はやってくる前に出産しているので、笠沙で出産したと思われます。
　妊娠して10月10日ほどで、子は生まれるので笠沙で出会って1年後は、大隅半島を浜下りしていた頃になります。旅の途中では、どこに行けばよいかも分からず、身重の体で長旅など無謀はできません。邇邇藝命が土然ヶ丘で猿田彦命と別れ、西都に戻ってきたのは、笠沙を離れて3年後です。3〜4歳の幼子を抱いてやってきたと思われます。

無戸室の誓約
　山に強い大山津見神は、あらかじめ邇邇藝命の戻り先や、戻ったか否かの確認をして出発したと考えます。大山津見神や、姉の

第 1 部　丘と岡が明かす天孫降臨

石長比売、木花佐久夜比売の一家が連れてやってきた子が、一目で邇邇藝命の子であることは、その面立ちから見て取れます。

それでも「佐久夜毘売、一宿にや妊める。これ我が子には非ず、必ず国つ神の子ならむ」

写真 103　無戸室跡

と、疑いがかかります。簡単に日嗣の御子としてしまっては、皆に示しがつきません。そこで、古代の占いの誓約をすることにしました。あらかじめ2つのうち、どちらが生じたかで正邪を決めておいて占います。

木花佐久夜比売は「吾が妊みし子、もし国つ神の子ならば、産むこと幸くあらじ、もし天つ神の御子ならば、幸くあらむ。」と決めて、戸のない室を造りその中で、産むこととしました。生み時に室に火をつけて無事に生まれれば、邇邇藝命の御子だが、不都合があれば邇邇藝命の子ではないとする占いです。そして火の中で、無事に生まれたと記紀は記しています。

戸口を土で塞いだとしているので、室が土でできていて、出産でなければ、熱くなるまでに、子達が無事に出てくることは可能です。この誓約、思慮深い思金命の奏上によると、なぜか思えてきます。

さらに、無戸室（うつむろ）で生まれた子の順番や、人数が異なることが謎になっています。記紀に記載の出生順を表にすると、次のとおりです。

第5章　世代交代

表9　無戸室から出てきた順

		燃始め	燃盛り		燃終り
古事記			火照命 （海幸彦） （隼人阿多君の祖）	火須勢理命	火遠理命 穂穂手見命 （山幸彦）
日本書紀	本文	火闌降命 （海幸彦）		彦火火出見尊 （山幸彦）	火明命 （尾張連の遠祖）
	第二	火酢折命	火明命	彦火火出見尊 火折尊	
	第三	火明命	火進命 火酢芹命		火折彦、火火出見尊
	第五	火明命	火進命	火折尊	彦火火出見尊
	第六	火酢芹命	火折尊 彦火火出見尊		
	第七	火明命	火夜織命	彦火火出見尊	
	第八	火酢芹命 火闌降命	彦火火出見尊		

　室の火が、どのような燃え方の時に生まれたかを名前にしています。表を見ると、火の燃え始めを表す名前・火進（ホスセリ）が兄の海幸彦で、燃え終わりの名前の火遠理や火折（ホオリ）が弟の山幸彦であることは、どの書も同じです。ところが火明命の名は同じ火ではあるが、燃え方とは言えない名前です。兄弟関係も一定ではありません。

　古事記は無理に火照命（海幸彦）とホスセリを分けて、3人兄弟としているように見えます。古事記の火須勢理命、日本書紀の

137

第1部　丘と岡が明かす天孫降臨

火明命は、その後の記述が全くありません。これには何か理由がありそうです。天皇家の先祖・邇邇藝命が火明命（尾張氏）の弟であれば、正統性が損なわれると考えたと思います。

そこで、古事記は一人の名を分け、日本書記本文では山幸彦の後の三男に火明命を付け加え記述したと推測します。都萬国のある日向での火明命に関する記述が、ないことも納得できます。また後になって、都萬国から丹波に向かう理由も見つかりません。

海幸彦と山幸彦

青年になった海幸彦と山幸彦の双子は釣針のことで、確執することになります。日本書紀が記す経緯は概略次のようです。

　兄の火闌降命（ほのすそり）（海幸彦）は、海の幸を得る力を備えていた。弟の彦火火出見命（山幸彦）は、山の幸を得る力を備えていた。2人は話しあって、互いの弓矢と釣り針を取り換えることにしたが、それぞれの幸を得られなかった。兄は後悔して弟の弓矢を返し、自分の釣針を返してくれといった。弟はすでに兄の釣り針を失っていた。そこで山幸彦は新しい針をつくり、返したが兄は承服しなかった。
　山幸彦が海のほとりで悲しんでいるとき塩土老翁（しおつちのおじ）に会った。老翁に事の仔細を話すと、「力になろう」といって山幸彦を無目籠（まなしかたま）の船に乗せた。船は小さな浜に着き、

写真104　玉の井

そこに海神宮があった。
　門前に井戸があり、そばの桂の木の下で、水を汲みにきた美人に会った。美人は驚き、宮に戻り父母に伝えた。海神は山幸彦を招き入れ、こられたわけを聞いた。
　そこで海神は大小の魚を集め問い質すと、鯛が病できていないことが分かり、改めて鯛を調べると口からなくなった釣り針が見つかった。
　山幸彦は海神宮に留まり豊玉姫と結婚した。3年を経て、国に戻ることにしたが海幸彦のことが気になった。海神はそこで見つかった釣り針と潮満玉と潮涸玉を渡して、海幸彦への対応を教えた。戻るときになって、豊玉姫は孕んだことを知らせ、産屋を造り待つよう山幸彦に頼んだ。
　山幸彦は釣り針を海幸彦に返し、海神がくれた玉を使用し潮の満干をみせ海幸彦を降伏させた。また、これからは末代まで山幸彦を助けるというので海幸彦を許した。
　約束の豊玉姫が妹の玉依姫とともに海辺にやってきたが、鵜の羽を葺こうとした産屋はまだ、できていなかった。それでも産むことになり、豊玉姫は山幸彦に「産屋の中を見ないで」といって出産した。しかし、山幸彦が覗いてしまったので、豊玉姫はこれを恥じ、子を残して海神の宮に帰ってしまった。そこで子は鵜茅葺不合命と名づけられ、妹の玉依姫が育てた。

海幸彦と山幸彦の伝承
　山幸彦、海幸彦の伝承地を訪ねました。
●木花神社　宮崎市大字熊野字木花の台地
　宮崎平野の南端、日南海岸も近いところに木花神社があり、

邇邇藝命はこの地で新婚生活を送ったと伝わります。

宮崎平野の開墾は南に進んでいたのでしょう。海幸彦、山幸彦もこの海のそばで少年時代を過ごしたのかも知れません。

釣り針を失くし困っていたとき、浜辺で塩土老翁に会うことになるが、西都でなく海も近いここならば納得できます。

写真105　木花神社

●カゴ山　霧島市隼人町内山田4

無目籠の船に乗った山幸彦が、もし日南海岸から開聞岳のある薩摩半島南端の海岸に向かうと、佐多岬沖の外洋を回ることになります。これではたとえ目の詰まった船でも、編んだ船では困難と考えていました。すると、こんな伝承を見つけました。

写真106　火之神岬

霧島市の鹿児島神宮付近のカゴ山から籠船に乗り、鹿児島湾を進み、枕崎に着いた伝承です。これなら外洋は開聞岳沖のみです。

カゴ山を探し訪ねると、小さな30坪ほどの小山だったようで、今は住宅が建っていました。先に登場した宇都山の程近くです。日南海岸から陸路をやってきて、この先山越えが続くため、ここから舟に乗り換えたと思われます。

第5章　世代交代

●鹿篭(かご)　枕崎市火之神岬町
　鹿児島神宮の鹿児もこの籠船に由来する説があり、山幸彦を祀る神社なのでありうるかと思います。枕崎市の火之神は山幸彦のことで、この付近は「鹿篭の海岸」と呼ぶとありました。枕崎に着いたようです。

●玉の井　指宿市開聞十町
　開聞岳近く玉井郵便局の女性局長におもしろい伝承を教えてもらいました。2人が出会った玉の井近くに「ごへんご」の川名があり、山幸彦が豊玉姫にプロポーズした返事「御返語」をここで待った伝えです。
　力ずくの結婚も想定されるところで、紳士的なやりとりだったことが見えてきます。

●婿入谷　指宿市開聞入野ムコ入谷
　水汲みのことから海神(豊玉彦命)の宮は、玉の井近くと考えられます。「ごへんご」川と反対側に苧口(おろんくち)という村があり、やや高台で開聞岳が形良く見えるこの村に海神宮があったと考えました。
　驚くのは、山幸彦が婿入りした伝承です。苧口村の西の山に「婿入り谷」の地名が残り、ここに新居を建てたと伝えます。局長も小さい頃、父に連れていってもらったそうです。
　なぜ山中に新居を建てたのか疑問に思い、訪ねてみました。婿入谷を下ると反対の頴娃(えい)町側で、開聞岳の西側に出

写真107　婿入り谷付近

第 1 部　丘と岡が明かす天孫降臨

ました。開聞岳の北側にある海神宮は開聞岳のシルエットの美しさですが、新居は開聞岳の緑が美しく見えるところでした。

●豊玉姫陵　鹿児島県南九州市知覧町

結局、2人は別れることとなりますが、別れて故郷に戻った豊玉姫の御陵が、知覧の田の中に残されていました。知覧や川辺町の開墾に従事したと考えました。ところが、この後の古代の航路の研究の中で各地に、豊玉姫の足跡がみつかりました。

写真108　豊玉姫陵

●内之浦港　鹿児島県内之浦町

山幸彦の戻りは海神の船による海路だったようです。彦火火出見尊（山幸彦）が海神宮より戻った際の到着伝説地が、大隅半島の東岸にあります。籠船でなく海神の大きな船ならば、佐多岬沖の外洋を回っても大丈夫でしょう。

●鵜戸神宮　宮崎県日南市宮浦

鵜戸神宮の岩場を下りた先の大きな洞窟には、豊玉姫が海神宮からきて鵜茅草葺不合命を出産した場所の伝承が残ります。わざわざ海辺でなくてもと思いますが、広い洞窟の中なら雨露を凌げて、葺き上がらない産屋での出産も可能かと納得します。

写真109　鵜戸神宮

第5章　世代交代

● 潮嶽(うしおだけ)神社　日南市北郷町宿野

ところで、山幸彦と海幸彦の戦いは何処でどのような戦いだったのでしょう。殺し合いの戦いではなかったようです。日南市の油津から 14km も山に入ったところに、海幸彦を祀る潮嶽神社がありました。

写真110　潮嶽神社

海幸彦が彦火火出見尊（山幸彦）と争ったとき、満潮に乗り巌船で流れ着き上陸した伝説があります。

日南市の海岸から酒谷川を4kmほど遡った飫肥(おび)は、川沿いの平地が奥まで続き古代の灌漑稲作に適した地形です。どの谷を開拓できるかの競争が、王権を継ぐ争いだったように思います。この争いに父の邇邇藝命が登場しないのは、この飫肥の開拓を子達に任せ、川内平野の開拓に移っていたからかも知れません。

海神・豊玉彦

魏志倭人伝は「南、投馬国に至る、水行20日」と記しています。この投馬国への航路が見つかったかも知れません。九州の西岸には長崎鼻の地名が多いと先に述べましたが、さらに調べたところ、唐津市呼子から鹿児島湾奥の宮浦宮までの、長崎鼻による水行10日の航路が見つかったのです。地図31です。

寄港地に入る目印の岬に、長崎鼻と名づけていたようで、近くには見張所の山が見つかります。表10です。

この航路地図は的山大島(あづちおおしま)から平戸瀬戸を通過し、長崎半島西岸沿いに南下して、天草の本渡瀬戸を経ています。陸地沿いに航路を選んでいるように見えます。航路の終点は鹿児島湾の奥で、佐

第 1 部　丘と岡が明かす天孫降臨

多岬の外海を通らない、より安全な航路です。投馬国の大王達は開拓のため各地を移動していたので、いきなり都の西都に向かっても会えるかどうか分かりません。

　終点の式内社・宮浦宮は大王の現在地情報を得る場所だったのでしょう。ここは西都、都城、肝付、霧島など、どちらに向かうにも中心で便利な場所と言えます。薩摩半島に居た場合は、いちき串木野で情報を得ることができます。

地図31　投馬国への航路

　対馬の長崎鼻は豊玉町にあります。ここは山幸彦の妃・豊玉比売の父で海神あるいは、綿津見神（わたつみかみ）ともされる豊玉彦に関係深い町です。和多津美神社があります。指宿の長崎鼻も山幸彦と豊玉比売が出会った開聞岳の麓です。魏が通った航路は山幸彦時代に豊玉彦が拓いた航路と考えます。このことで海神と呼ばれるようになったのでしょう。出発地点が呼子で、日程が10日だったことから、「南、投馬国に至る、水行20日」の記述は帯方郡からの日程であったことが分かります。帯方郡から末櫨国までの1万里が水行10日だったことも見えてきます。さらに邪馬台国への行程の記述「水行10日陸行1月」も、呼子から邪馬台国への陸行の日程が1月だったことが分かります。

第5章　世代交代

表10　投馬国航路の寄港地

日程	港、浜または島	距離(Km)	港の目印	見張り山
⑧	対馬市豊玉町鑓川		長崎鼻	
⑨	壱岐原の辻、筒城浜	92		岳ノ辻
⑩	呼子	33		
⑪	馬渡島	16	長崎鼻	番所ノ辻
⑫	的山大島	22	長崎鼻	番所岳
⑬	黒島	50	長崎鼻	番岳
⑭	長崎半島の脇岬	82	長崎半島	遠見山
⑮	天草市の鬼池	49	長崎鼻	天神山
⑯	長島の西岸	55	長崎鼻	物見鼻
⑰	串木野港付近	57	長崎鼻	遠見番山
⑱	坊津	66		番屋山
⑲	指宿の長崎鼻	52	長崎鼻	辻の岳
⑳	宮浦宮	86	長崎鼻	

＊投馬国へ距離　約535km　平均漕航距離　約54km／日

侏儒国・裸国・黒歯国への航路

「長崎の鼻」などを含めて、長崎鼻は全国に29ヶ所、見つかりました。大村湾内、五島列島周囲にもあることから、大村湾や五島列島への航路も拓いていたことが分かります。さらに瀬戸内海にも長崎鼻があり、結ぶと航路に読み取れます。魏志倭人伝は「女王国の東、海を渡ること千余里でまた国がある。皆倭種。また侏儒の国がその南にある。人の長は3・4尺。女王国を去ること4千余里」と記しています。

第1部　丘と岡が明かす天孫降臨

　単にうわさを記したのでなく、交易のあった地域のことであることが見えてきました。日本書紀は神武東征も終わる戦いで、葛城に「土蜘蛛がいて、その人態は身丈が短く手足が長く、侏儒に似ていた」と記しています。東征途次に侏儒に出会っていたことが分かります。「侏儒」は魏志倭人伝と日本書記で一致する地名です。魏志はさらに「また裸国・黒歯国が東南にあり、船行1年で至ることができる」とあります。

　長崎鼻は太平洋側に和歌山の白浜、鳥羽、銚子にあり、日本海側は若狭湾の高浜町にあります。これらも航路と考えると、鳥羽から銚子までは400km以上離れていて、1日の漕航距離は50～60km程度とすると、中間に寄港地があったはずと考えました。そこで見つかったのが和歌山の長崎鼻があった「白浜」です。白浜は美しい白砂の浜への形容から付いた名称と思っていました

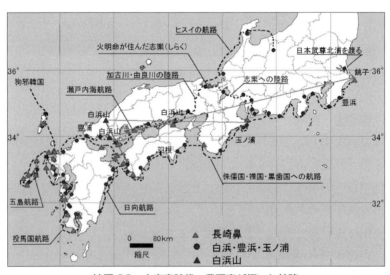

地図32　山幸彦時代、豊玉彦が拓いた航路

が、この航路の寄港地に名付けられた浜だったのです。

　当時の船は岩礁があるかも知れない浦には入らず、浜に船を引き揚げる着岸でした。伊都国があった糸島市二丈深江にも白浜が見つかり、ここの名が源で移動したと考えます。古代の倭国が国づくりに向け、躍動的な活動をしていたことが見えてきて驚きます。裸国・黒歯国が見つかるかも知れません。黒歯国とは歯を染める「お歯黒」の風習がある国という意味です。

　長崎鼻と白浜、さらに豊玉彦との関係と思われる豊浜・玉ノ浦などを、寄港地と考え航路地図を作成しました。地図32です。

①侏儒国・裸国・黒歯国への航路

　この航路は伊都国を出発し下関海峡を通り、四国の西岸を南下して太平洋に出ます。四国沖・熊野沖・東海沖・房総沖を経て、銚子の長崎鼻に到る最長航路です。途中、28寄港地を比定できて航海日数29日になりました。ただ、もっと寄港地があるかも知れません。先の投馬国への水行10日の表現は、日待ちを含まない航海日数の表現だったことが分かります。この約29日の航海日数は、「裸国・黒歯国が東南にあり、船行1年」と記した表現が、女王国から船行「1月」の誤りだったことも見えてきます。

『草書体で解く邪馬台国の謎』（井上悦文／梓書院）の説です。魏志倭人伝の国名で対馬を対海国に、壱岐を一大国などと記しているのは、著者・陳寿が草書体で記していたものを、死後に魏の正史として楷書に書き改めた際、草書では良く似た字体の文字を誤って写したという説です。字体の階書・行書・草書の中では草書が早く生まれて、陳寿（233〜297）の時代の楷書

第1部　丘と岡が明かす天孫降臨

表11　侏儒国・裸国・黒歯国への航路（1）

No	寄港地	所在地付近の地名	距離km
0	白浜	福岡県糸島市二丈深江	0
1	芦屋海岸	福岡県芦屋町白浜町	77
2	豊浦	山口県長府宮崎町豊功神社	44
3	香々地港	大分県豊後高田市香々地羽迫	61
4	二名津	愛媛県伊方町二名津	71
5	白浜	愛媛県宇和島市白浜	69
6	小筑紫	高知県宿毛市小筑紫町	87
7	中ノ浜	高知県土佐清水市中浜	55
8	白浜	高知県黒潮町白浜白皇神社	55
9	白浜	高知県須崎市野見白浜	45
10	手結海岸	高知県香南市夜須町	52
11	西の浜	高知県室戸市羽根町	38
12	白浜	高知県東洋町白浜	58
13	白浜	徳島県美波町木岐白浜	40
14	白良浜	和歌山県白浜町	76
15	玉ノ浦	和歌山県那智勝浦町粉白	82
16	七ケ浜	三重県熊野市木本	42
17	御座白浜	三重県志摩市志摩町御座	80
18	国府白浜	三重県志摩市阿児町国府	28
19	白浜	三重県鳥羽市浦村	24
20	豊浜	静岡県磐田市豊浜	87
21	白浜	静岡県御前崎市白羽	37
22	三保松原	静岡県静岡市清水区三保	66
23	伊豆白浜	静岡県下田市白浜	70
24	伊東	静岡県伊東市湯川	45
25	白浜	神奈川県茅ヶ崎市白浜町	65

第5章　世代交代

侏儒国・裸国・黒歯国への航路（2）

No	寄港地	所在地	距離 km
26	白浜	千葉県南房総市白浜町白浜	69
27	豊浜	千葉県勝浦市部原	53
28	九十九里浜	千葉県一宮町一宮玉前神社付近	31
29	君ケ浜	千葉県銚子市君ケ浜	67

＊銚子へ距離　1643km　平均日漕航距離56km

は萌芽的な時代だったとのことです。壱岐の支と大、邪馬台の臺（台の旧字）と壹（壱の旧字）も草書では良く似ていて、誤りの原因として納得できる説です。「年」と「月」も良く似ていて、船行一月が一年と書き写されてしまったと記しています。上記調査の寄港地の数がこの説を裏付けた格好となりました。

図9　草書の同形文字

　航路東端の銚子を黒歯国と想定し訪ねてみました。船が着岸したのは、犬吠埼の北側に続く「君ケ浜」と思われます。近くの高台の集落、高神には海渡神社があり、豊玉彦こと綿津見大神が祀られていました。郷土への恩返しのため私設で開いたという「外川ミニ郷土資料館」を訪ねました。長崎鼻の航路や黒歯国のことを、島田泰枝館長に話すと、さっそく近所の高齢の方を訪ねて、「自分はお歯黒をしなかったが、大正の始め頃まで、風習があった」との証言を得ることができました。館内の郷土写真でも、「漁師達は戦後まで浜の小

屋で、ふんどしもせず生活していた」との説明を受けました。また銚子は砥石を産出するとのことで、航海の交易品の可能性も見つかります。

写真111　銚子の長崎鼻

白浜山は侏儒国・裸国・黒歯国の記録か

白浜山が3山、瀬戸内海の小豆島、笠戸島と萩市の山中に見つかりました。地図32です。白浜の名からして浜辺での名づけは分かりますが、萩の山中の名づけは偶然では生じません。何かを指し示し記録するために、ここでなければならなかったのでしょう。

3山を結ぶ直線は3本引けます。それぞれの直線の先に、古代人が残そうとした場所を推理してみました。

①白浜山（笠戸島）―白浜山（小豆島）→長崎鼻（銚子）

②白浜山（萩市）―白浜山（小豆島）→長崎鼻（鳥羽）

　この2つの直線は、小豆島の白浜山を共有しながら、その先が2つの長崎鼻に続いています。1つならば偶然があるかも知れませんが、これは明らかに人の意志に基づいていると考えます。

③白浜山（萩市）―白浜山（笠戸島）→長崎鼻（佐多岬半島）

　萩の白浜山が、鳥羽の長崎鼻を指し示すためだけに、置かれた山ならば、小豆島からこんなに離して置く必要はありません。笠戸島の白浜山も意識した萩の白浜山です。

魏志倭人伝が、海を渡った先にあると記す、侏儒国・裸国・黒歯国みな指示しているように見えます。①が黒歯国、②は裸国、③は侏儒国と考えます。お歯黒をする国、裸の国、小人の国と住む人の形容なので国名とはやや違うと思われます。わざわざ長崎鼻を名づけ、魏志倭人伝に記載されるには、ここに特別な思いがあったと考えます。

②日向航路
　この航路は黒歯国への航路の途中の宇和島から、佐伯港沖にある大入島片神浦の白浜に続いているように見えます。別府湾に白浜が見あたらないのは、後に神武と戦いになった状況と合致していて、この時も友好関係がなかったのでしょう。

③瀬戸内海航路
　島続きの瀬戸内海航路は、姫路で終わっていました。大阪湾や出雲には白浜が見あたらないので、これも豊玉彦時代当時の政治状況を反映しているかも知れません。この時代、まだ出雲の国譲りは終わっていなかったと思われます。河内付近にも友好な勢力はいなかったのでしょう。
　舞鶴付近の長崎鼻や白浜の所在は、大国主命に許されて志樂に住むようになった、火明命との関係をすぐに思い浮かべます。
　終点、姫路の白浜から加古川と、由良川を結ぶ陸路で結ばれていたと思われます。この舞鶴に向かって、もう１つ、三河湾の吉良白浜から内陸に点々と白浜が続いています。銚子での交易品を最短で舞鶴に届けるルートがあったのでしょう。琵琶湖を渡り、高島市の白浜に上陸して若狭へ山越えしていたと思わ

れます。訪ねると若狭への入口に、若狭国一宮の若狭彦神社があり山幸彦と豊玉姫が祀られていました。

この陸路が最も近いという地理認識ができていたことや、獣道でなく交易できる、本州横断の道がすでにできていたことが分かります。

倭国の高天原と火明命の子孫は、盛んにやりとりしていたことが推測できます。神武東征の際に、火明命の末裔・椎根津彦が速吸之門に突然現れ、水先案内をしています。この航路で椎根津彦は何度も丹波と高天原を往復していたので、高天原が東征の水先案内を依頼したのかも知れません。瀬戸内海の水先案内は大変大事で、明石海峡付近でなく豊予海峡の速吸之門に現れても、不思議ではありません。後に倭国造に抜擢されたのも、この功績だったとすれば納得できます。

④ヒスイ航路

舞鶴から越前海岸を経て能登半島へ伸び、終点が大町の青木湖畔に見つかった白浜です。糸魚川で産出する勾玉の原石のヒスイを交易する道と考えヒスイルートとしました。しかし、さらに内陸に続くルートであったかも知れません。

琉球航路

琉球列島にも点々と白浜が見つかります。最南端は西表島で現在の日本の南端とほぼ同じです。地図33は1日の漕航距離、80kmとして島々を結んでみたものです。久米島と宮古島間だけは240kmもあり、1日では渡れません。どうしたのでしょう。

漕航で一番怖いのは天候の他に、岩礁があります。ところがこ

の海原では、岩礁の心配がありません。宮古島入港の際の岩場の危険のみです。朝早く出発し岩礁がなければ、交代で夜も漕ぐことは可能です。方角は星や一定な潮流を見ればかじ取りできるでしょう。翌日、30kmほどに近付けば島が見えてきて方角を修正し、夕方には着岸できると考えました。

地図33　琉球航路

海辺の桃源郷

いくつかの白浜を訪ねると、共通した立地が見えてきました。湾曲した浜の沖合に島がある風景です。この島が風よけとなって波静かな、着岸に適した浜になっています。鳥羽市浦村町の白浜と三重県紀北町の豊浦は、それぞれ菅島や鈴島が目の前にあり、まるで海辺の桃源郷です。浦村町の白浜では浜辺に、この時代の住居遺跡があって、船を迎えた人達を想像しました。

⑤日本武尊、三陸北上航路

東北にも白浜があります。三陸海岸には点々とあり、これは豊玉彦の航路でなく、日本武尊が松島付近の七ケ浜に船で上陸した後、蝦夷の国津神、島津神の案内のもと、三陸海岸を北上

した際の名づけと考えます。

　北浦を横断した際の名づけが最初です。日本海側に残る白浜は、副将軍・穂積忍山宿禰が飛島に渡った際の名づけでしょう。佐渡、粟島に渡った白浜がないことに気づきますが、別な形で記録していたことが後で分かりました。

地図34　東北の白浜

浦島太郎伝説・羽衣伝説

　浦島太郎伝説が、前述の豊玉彦が開拓した航路の実在を補強してくれそうです。伝説のあらすじです。

　浦島太郎は助けた亀に竜宮城に案内されて、乙姫様の大変な歓待を受けました。しばらく楽しんでいたが、郷に帰りたくなり亀に乗り戻ることにしました。ところが戻った郷には、知る人も親もいなくなっていて、時代が変わっていたのでした。そして太郎は乙姫様から、いただいた玉手箱を「開けないように」と言われていたにもかかわらず、開けてしまいます。すると煙が出てきて太郎は老人の姿になってしまったのです。太郎が龍宮城で過ごした日々が、地上では長い年月となっていたのでした。

　竜宮伝説は日本各地に残り、日本書記や御伽草子にも登場します。丹後国風土記逸文には「浦嶼子（うらしまのこ）」の項で、上記のあらすじに近い記述があります。丹後半島には今も色濃く伝説が残り、火明命が住んだ舞鶴東部の志樂や高浜の長崎鼻との関係を想起させてくれます。

第5章　世代交代

　漁師の浦島太郎は、丹後にやってきた豊玉彦の船隊に請われて参加したのでしょう。浦島太郎の名は、各地の浦や島々を巡った男の意味で、浦島の子と呼ばれ、御伽草子では浦島太郎としたのでしょう。多くの航路を巡るには何年も要したことでしょう。各地の素晴

写真112　指宿長崎鼻

らしい風景に感動の航海を続け、瞬く間に月日は過ぎました。
　豊玉彦の本拠地、指宿の長崎鼻は開聞岳が素晴らしく龍宮のような風景です。今、龍宮神社があります。琉球の島々も巡り、美しい海や魚達も見たことでしょう。浦島太郎の活躍に、乙姫様の豊玉姫は帰り際に感謝を込めて「玉手箱」を贈りました。この玉手箱は「玉くしげを入れる手箱」と逸文解説にありましたが、私は「豊玉姫から手渡された箱」の意味での「玉手箱」と考えました。
　また、別な寄港地・三保の松原には羽衣伝説があります。これも駿河国風土記逸文に記載があります。山幸彦と別れた豊玉姫が、富士の見える風光明媚な三保に、父・豊玉彦に連れられて船でやってきたことの言い伝えと考えます。きっと富士の美しさが高天原でうわさになっていたのでしょう。天照大御神にも伝わっていたかも知れません。

会稽東治
　魏志倭人伝の記述に、倭人のルーツを示唆している個所があります。倭の海人は体に入れ墨をしていて、水に潜り魚や蛤を採るが、中国東岸の会稽（浙江省紹興市の会稽山付近）の人々の習俗

第1部　丘と岡が明かす天孫降臨

と似ていると記しています。また、「其の道里を計ると、まさに会稽東治の東にあたる」と倭との位置関係も述べています。

ところが「会稽東治」の記述について「治を冶に」修正した漢書もあって、東治を東冶（福建省福州付近）とする説と、あくまで会稽山の東とする説があります。

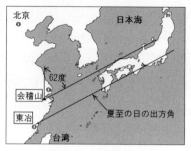

地図35　会稽東治の東

そこで、これまでの方角基準、夏至の日の出方角62°の直線を会稽と東冶から東に伸ばしてみることにしました。地図35です。

2つの直線は、九州島のちょうど北端と南端を通過し、倭種の人々が住んだと記す、中国地方や四国を包含した領域を示しているように見えます。魏志倭人伝の方角基準が倭人伝の記述で一貫していることや、草書体の同形文字による写し誤りが、改めて明かされたように思います。

隼人

山幸彦に負けた海幸彦は隼人の祖になったと記しています。ところで祖とは一般に、海部氏や尾張氏など氏姓の祖を言いますが、多くの隼人と呼ばれる人達の祖とはどういう意味なのでしょう。

隼人の由来について、本居宣長は「其国人は、すぐれて敏捷で勇猛きが故に、この名あるなり」と述べています。他には「南風を意味するハヤ」「囃し人」「隼」などの由来説が見えますが、確かなところは分からないのが現状です。

海幸彦のその後のことは伝わらないが、祖となるまでには、後

第5章　世代交代

に隼人と呼ばれる人達と、多くの交流や活躍があり信頼される歴史を刻んだことが分かります。

鵜茅草葺不合命の伝承

日本書紀は鵜茅草葺不命が、亡くなられた所を西州宮(にしのくにのみや)と記しています。その該当地は肝付町の桜迫(さくらさこ)神社とされています。

●桜迫神社　鹿児島県肝属郡肝付町宮下

鵜茅草葺不合命の活動は不明な点が多いが、大隅半島中央部、肝属川流域の開拓に尽力した生涯を想像します。近くの鵜茅草葺不合尊の御陵・吾平山上陵や次の母養(ぼよう)子(し)岳など、この地域に伝承が多く残ります。

写真113　桜迫神社

●国見山、黒尊岳（黒園岳）、甫与志岳（母養子岳）

内之浦を囲むように3山があり、国見山山頂に彦火火出見尊の御陵があると伝えられています。黒園岳は彦火火出見尊の遊行伝説地、母養子岳は鵜茅草葺不合命の成長伝説地です。

母養子は鵜茅草葺不合命が実母の豊玉姫でなく、玉依姫に育てられたことを意味しているのでしょう。

神武天皇の伝承

神武天皇が誕生した地はその幼名、狭野尊と同じ狭野神社がある宮崎県高原町と思っていましたが、大隅半島の肝付町にも伝承があることが分かりました。

157

第 1 部　丘と岡が明かす天孫降臨

●イヤの前　鹿児島県肝属郡肝付町宮下イヤの前

　肝属川の古い渡船場で、玉依姫は産気づき神武天皇が誕生したと伝わります。

　今は肝属川の拡幅工事で川中となったので、降誕地碑は堤防の横にありました。ここは鵜茅草葺不合命の西州宮の近くです。親がいなければ子は生まれないわけで、ここが誕生の伝承地であっても不思議ではありません。

　他に大隅半島には、神武天皇が東征に出発する際の伝承も多く残ります。北部九州の高天原で倭国連合を果たし、東征準備のため生まれ育った地に戻り、父の陵に東征を報告したのでしょう。

写真114　神武降誕地

●生達(そだち)神社　宮崎県日南市北郷町

　東征に先立ち宮崎宮から、妃の吾平津姫と子供達を連れこの地に行幸したと伝えます。なぜここを訪れたか理由は分からないが、海幸彦を祀る潮嶽神社に近い神社です。

●神武天皇発港の地　鹿児島県肝属郡東串良町川東

　写真115の前方の山向こうに鵜茅草葺不合命の御陵があります。御陵に参拝の後、肝属川河口から皇兄五瀬尊および皇子手研耳命(たぎしみみ)とともに発港したと伝

写真115　神武発港の地

わります。この発港の浜を柏原海岸と言っています。到着地に出発地の名を付けることはあることです。神武が宮殿を建てた奈良の橿原はこの柏原に由来すると思われます。

鵜茅草葺不合尊はすでに亡くなられていたことが分かります。

●夏井の御磯　鹿児島県志布志市志布志町夏井

肝属川河口を出港した神武天皇が立ち寄った港と伝わります。

●吾平津神社　宮崎県日南市材木町

妃の吾平津姫はここ油津の地で神武天皇の東征を見送られたと伝わります。

ここは海幸彦が山幸彦に負けて籠もった地に近く、吾平津姫は海幸彦につながる小椅君(おばしのきみ)の妹です。神武天皇はなぜ、海幸彦につながる吾平津姫を娶ったのか、記紀は何も記していないが、多くのドラマがあったのでしょう。

写真116　吾平津姫像

日向三代

邇邇藝命、火遠理命（山幸彦）、鵜茅草葺不合命の3代を日向三代と呼んで、命達の陵が南九州各地にあります。陵を管理する宮内庁が、現在、三代の陵とする場所は表12のとおりです。命達が南九州で生きた心を、推し量りたいと考えました。そこに陵があるには、それなりに理由があると考えました。生きた土地に対する思いや、先祖に対する感謝の心が、その場所を選んだに違

いありません。地図36は陵の
南北あるいは東西に何があるか
調べたものです。

地図36　陵の位置

表12　日向三代の陵所在地

代	命名	陵名	所在地
一	邇邇藝命	可愛山陵	鹿児島県薩摩川内市宮内町
二	火遠理命	高屋山上陵	鹿児島県霧島市溝辺町麓
三	鵜茅草葺不合命	吾平山上陵	鹿児島県鹿屋市吾平町上名

可愛山陵

　邇邇藝命の陵です。北に生まれ郷の伊都国が見つかります。南は木花之佐久夜比売と出会った阿多です。そして東が新婚生活をしたと伝わる木花神社です。
「可愛い」の意味が木花之佐久夜比売のことであることは、すぐに分かります。木花之佐久夜比売への愛はいちずだったのでしょう。
　邇邇藝命は天孫降臨の旅を終えると西都に戻りますが、宮崎平

第5章　世代交代

野の開墾に区切りがつくと、妃の木花之佐久夜比売の生まれ育った薩摩半島に移り、薩摩の開拓に取り組んだと思います。

　可愛山陵がある神亀山の端に、木花之佐久夜比売の陵とも伝わる端の陵があります。木花之佐久夜比売は邇邇藝命との出逢いの、一宿で子が生まれました。一度は邇邇藝命から、本当に我が子かと疑いがかかったことから、その後不仲だったとか。木花之佐久夜比売の故郷にも近い、薩摩川内の同じ山に葬られたなら何か安堵します。

　延岡市にも可愛岳があります。

写真117　可愛山陵

写真118　端の陵

日本書紀は邇邇藝命の陵を可愛山陵としています。岳と山の違いがあり可愛岳は近くの長尾山と同じく、神武東征の際に名づけた岳と考えます。可愛山ではないことを明らかにするため、あえて岳としたと考えます。先の丘と岡の違いに厳密に意味があったように、古代の人は厳密だったと考えます。

　この先、広島県廿日市市に可愛があります。江の川は広島県内では可愛川と呼ばれ、安芸高田市の可愛川沿いにある埃宮を神武は訪ねています。

第1部　丘と岡が明かす天孫降臨

高屋山上陵

写真119　高屋山上陵

彦火火出見命（山幸彦）の陵です。真北は高天原の朝倉です。東は少年時代を過ごした木花神社です。西は可愛山陵と同緯度にあります。40km近く離れた位置で300mの誤差ですから、新しい国をつくった父・邇邇藝命に感謝する心の現れと考えます。

山幸彦は後年、陵に近い霧島・姶良や鹿児島市北西部の開墾に取り組んだのではないでしょうか。世代をこえて地域を変えながら開墾していったことが分かります。

吾平山上陵

写真120　吾平山上陵

鵜茅草葺不合命の陵です。真北は高千穂峰から英彦山に延びています。英彦山は天忍穂耳尊を祀る山です。高千穂峰は邇邇藝命が降臨した山です。明らかに先祖を畏敬する場所であることが分かります。

神武東征の出発

覆らない国をつくるための出雲の国譲りが長引く中で、天照大御神（卑弥呼）は亡くなってしまいました。魏志倭人伝は「あらためて男王をたてたが、国中は不服であった。こもごもあい誅殺

162

した。当時千余人を殺しあった。」と記します。

　誅殺と記していることから、天あるいは上に叛いた争いだったことが見えてきます。正統性が問題となったのでしょう。結局、和久産巣日神の子13歳の少女、豊受大神（台与）を擁立して話はまとまりました。魏の遣いも倭国の安定を見届けると大陸に戻りました。

　建御雷之神や天鳥船神（経津主神）の活躍で、ようやく出雲の国譲りが成りました。しばらくすると神武兄弟達が日向からやってきて、代々の悲願であった東征による新しい都づくりを提案しました。これこそ、天照大御神が願っていたことなのでしょう。これまでの新しい国づくりの経験が力となります。筑紫の倭の参加なくしてはできない事業です。しかも、男王が立っていたならば、倭国連合は困難だったかも知れません。何度も何度も話し合ったことでしょう。そして豊受大神が遷都を決断したのです。向かう先の合言葉は「ひのもとの大倭」でした。倭国と都萬国（投馬国）の連合を大倭と表現し、高天原のある邪馬台国から「おおやまと」と呼ぶこととしたのでしょう。神武兄弟の発案でなく、倭国の人達の協力を得るために、豊受大神が名づけたと考えます。

天孫降臨のまとめ

　いろいろな発見があったので、天孫降臨の調査結果を時系列にまとめてみました。

1) 天照大御神は国づくりを始め、まず天忍穂耳命を東に差向けました。しかし大国主命の力が広く及んでいたので、戻ってきてしまいました。
2) 天照大御神は、弟の娘婿の大国主命に国譲りを迫るため、

第1部　丘と岡が明かす天孫降臨

幾人も派遣しました。ところが皆、懐柔されてしまいます。
3) 国譲りが長引く中、天孫の邇邇藝命が生まれたので、南九州に降らし、国づくりさせることにしました。
4) これに先立ち、高天原の高木神は地元の佐田彦などを、南九州に派遣し下見させていました。
5) 邇邇藝命が高天原を出発した知らせを受けて、佐田彦は山道を駆け、日田の八街で先導を申し出ます。
6) 佐田彦が参加した一行は、阿蘇の日ノ尾峠を越え、高森から外輪山の急壁を登り、山都町の幣立神宮を経由しました。
7) 外輪山越え等で活躍した佐田彦に猿田彦の名を与えます。
8) 尾根道伝いに高千穂町に向かった一行は、新しい国の入口の丘に立ち、「国見が丘」と名付けました。
9) 日あたりの良い高千穂町や日之影町で、灌漑稲作を伝えながら延岡に向かいました。以後これを「浜下り」と呼びました。
10) この先の目的地は高天原から見て、夏至の日出方角を東とした時の南にある西都でした。
11) 邇邇藝命は阿波岐原で禊をして、船で西都に入りました。
12) ここを新しい国、都萬国の都と定めました。
13) 平野の開墾の見通しを得た邇邇藝命は、遠征を行いました。まず向かったのは高千穂峰です。
14) 都城市の母智丘が、これから始まる遠征の出発地点でした。
15) 高千穂峰に登る一行を、陣ヶ岡山、虎ヶ尾岡、文字岡と登山道が良く見える位置でサポートしていました。
16) 高千穂峰山頂で宮崎側を「朝日の直刺す国」、笠沙町側を「夕日の日照る国」と地形についての詔をしました。

17) 記紀に記す浮橋・二上峯・添の山峯・梯子・浮島平などの表現が、高千穂峰下山道の地形とよく一致していました。
18) 高千穂峰を下りた浜下りの一行は、霧島・姶良・さつま町・薩摩川内・鹿児島市・阿多を経由して、野間半島に向かいます。
19) 「丘または岡」と名が付く山名を、経路に残していました。
20) 高千穂峰を中心に、逆「の」の字型の経路で大隅半島に渡り、最終地点は八代海の獅子島であることが分かりました。
21) 丘〜丘の間に岡の山名を挟み、この間が1年を要したことを記録していました。全体で7年間の遠征です。
22) 鹿児島市の牟礼ヶ岡を「岡の中の岡」と認識していたようで、経路のいくつかが牟礼ヶ岡に集中していました。
23) 野間岬、西の丘近くの岩場で越冬したことが分かりました。
24) いくつかの陣と付く山は、邇邇藝命の山登り、海渡り、曽於山中行を、サポートした山であることが分かりました。
25) 宇都丘と同じ地名の宇都は、「浜下り」で谷の最奥に稲作を伝えた地名であることが分かりました。
26) 牟礼ヶ岡と同じ地名の、牟礼はなだらかな丘の湧き水で、稲作を伝えた地名であることが分かりました。
27) 南九州に伝わる巨人伝説の「弥五郎どん」は、この浜下りと大いに関係があることが分かりました。
28) 串間は高千穂峰から見て、夏至の真南で、ここに勿体岡を残しました。大事にすべき場所と考えていたのでしょう。
29) 霞ヶ丘、土然ヶ丘、霞ヶ丘の3丘を矢印型に配置し、邇邇藝命は小林から西都に戻ったことを記録していました。
30) 西都に戻ってしばらくして、木花佐久夜比売が双子の男子

第1部　丘と岡が明かす天孫降臨

を連れて、薩摩の阿多からやってきました。

31）邇邇藝命は我が子ではないと疑いをかけますが、室に火を放ち、無事に生まれ出たことで潔白を証明しました。

32）「天宇受売命に猿田彦を送らせた」と古事記が記す別れは、土然ヶ丘の麓の高都萬神社前であることが分かりました。

33）猿田彦は残り2年の天孫降臨の遠征を担当したことが、2つの七朗山に記録されていました。

34）えびの市にある八幡丘が、後の八幡信仰の源となった可能性が見えてきました。

35）神武は邇邇藝命が「丘と岡」の山名を付けたことを知っていて、東征経路には岡水門・岡田宮の地名を残し、奈良の橿原の最終地点には山名で「天樫丘」を残していました。

36）獅子島にある黒崎丘と鳥神岡を結んだ先を、高千穂峰に結び、先導した猿田彦の功績を記録していました。

37）天草から北部には、宇都と同じ読みの宇土地名が分布していて、熊本平野を取り巻いていました。

38）高千穂町、山都町、宇土半島を経て、九州の北西部経由で伊都国、高天原と繋がっていることが見えてきました。

39）九州北西部に残る神幸祭の「くんち」は、お上り・お下りと称し、北の倭国と都萬国の往来をうかがわせていました。

40）島々を渡る最短の、見通しのある場所に、遠目山などを置き船の渡りをサポートしていたことが見えてきました。

41）天宇受売命に猿田彦を送らせたのは、この経路で高天原に佐田彦を戻すことだったことが推定できました。

42）諫早市の橘湾に面して、佐田岳が残されたのは、猿田彦が水死した記録だったことが推測できました。

第 5 章　世代交代

43) 佐田岳を中にして、七朗山と九朗戸ケ倉山が結ばれていました。佐田岳付近には八朗と名の付く山や川、八の付く地名がたくさん残り、猿田彦と関連付けしたことが見えてきました。

44) 佐田岳の橘湾に面した尾根には、下関で入水した安徳天皇が流れ着いた伝承が残り、猿田彦水難と混同しているように見えました。

45) 倭国の人達や高天原の神々は、天孫降臨を先導した猿田彦が後の建国に大きな役割を果たしたとして、大神と称えました。

46) 西都にやってきた双子の男の子は、海幸彦・山幸彦と呼ばれましたが、釣り針のことで仲違いとなり争いになりましたが豊玉彦にもらった玉で山幸彦が有利となり、日嗣となりました。

47) 豊玉彦は対馬国から、投馬国までの航路を拓いていました。航路の終点は鹿児島湾奥にある宮浦宮でした。その他、瀬戸内海・太平洋岸沿い・琉球列島沿いになどに、航路を拓いていたことが見えてきました。

48) 邇邇藝命、山幸彦（火遠命・彦火火出見命）、鵜茅草葺不合命の日向三代の命達は、各地を分担しながら灌漑稲作を広めて国づくりに励みました。

49) 神武兄弟が大きくなって、機が熟したことで倭国に出向き、倭国と話し合い東征を決めました。

50) 神武は一旦、日向に立ち戻り東征の準備をするとともに、先祖に詣でて東征を報告して出発しました。

第2部 高倉山が明かす2つの東征

高倉山（福岡県朝倉市日向石）

第2部 高倉山が明かす2つの東征

第1章　九州の高倉山

　薩摩半島の旅で、2つの高倉山を見つけました。この「タカ」型の名の高倉山も国づくりの足跡と思われます。どんな心を託したのでしょう。感動を探しに今一度、天翔けてみます。

薩摩半島の高倉山

　九州にある高倉山は、表13に載せた4つです。そして2つの対に見えます。高天原があった朝倉市付近の対と、薩摩半島の対です。

表13　九州の高倉山

No	山名	標高 m	所在地付近の地名
1	高倉山	286	福岡県朝倉市日向石
2	高倉山	684	大分県日田市大山町西大山
3	高倉山	446	鹿児島県薩摩郡さつま町船木
4	高倉山	386	鹿児島県日置市吹上町和田

　この九州の高倉山を、地図にプロットすると地図37のとおりです。やはり、偶然ではなさそうです。No1の高倉山は朝倉で、No2の高倉山は八街があった日田市にあります。しかも、天照大御神を祀る麻底良山を挟んでいます。これまでも、対の山は何かを指し示していました。

　薩摩半島の2つを結び南に伸ばすと、邇邇藝命が木花之佐久夜比売と出会った阿多や、海幸彦・山幸彦を出産したとされる高屋

ケ尾山を指し示しています。しかも、付近には高倉の地名も残されています。

さらに、薩摩半島にある２つの高倉山を結んで遠く北に伸ばすと、高天原の麻底良山に続いているように見えます。

その線上には、神武が朝倉で東征を決め、日向に戻る道筋に名づけたと思われる○尾山も見つかります。平尾山、荒尾山、柴尾山です。高倉山は何のために誰が名づけたのでしょう。

地図37　九州の高倉山

「タカ」型地名の種類

この高倉山は邇邇藝命の、天孫降臨（浜下り）で名づけたのでしょうか。しかし天孫降臨の「丘や岡」のように連続的な名づけでないことや、薩摩半島の高倉山の名づけが、薩摩川内市にある邇邇藝命の陵や木花之佐久夜比売との、出会いの場所の阿多を意識したものならば、天孫降臨の後の名づけであることになります。東征の経路に「タカ」型の地名が沿っている、と発表した井上赳夫のことを前に述べました。高倉山もタカ型地名で倭国連合した後、日向に戻ったときの名付けかも知れません。この神武が戻った経路を調べた結果は地図38です。

八女から今の国道３号に沿って筑肥山地を越えます。越えた先の山鹿付近は邪馬台国ではなかったのでしょう。新しい出発地を

第2部　高倉山が明かす2つの東征

表す高取山 H1 を名づけています。この時に狗奴国との戦いがあったのか、すでに終わっていたのか、経路からは読み取れません。しかし熊本平野南の益城郡付近に三角領域を形成して、何かを遺しているように見えます。

　その後、人吉から久七峠を越え水俣、出水平野など隈なく言向けの旅を続け薩摩半島に入っています。知覧付近に尾巡山まで残していたのです。

　花尾山と種尾山を結んだ先が、開聞岳に続いていて、「建国の花の種が開くことを、いつか聞きたし」と願った対と考えました。開聞神社を「ひらきき」神社と呼ぶのもその心を残したのでしょう。

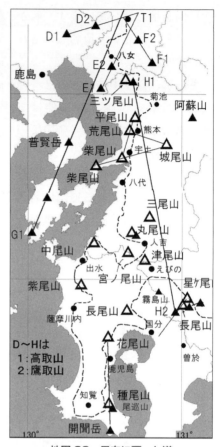

地図38　日向に戻った道

「タカ型山名」にはまだ読み取れない、古代人の心があるように思います。調べると日本各地に残る同名の「タカ」型の山名には、次のような山があります。数の多い順に取り上げてみました。

第 1 章　九州の高倉山

表 14　全国の高で始まる主な山

山　名	数	備　考
高山	82	たかやま、こうやまの読みがある
高倉山	56	朝倉市や伊勢神宮外宮にある
高尾山	56	高雄山・鷹尾山を含め東征の足跡だった
高森山	45	他に高森、鷹森山がある
高塚山	31	他に高束山や高柄山がある
高城山	25	たかしろ、たかじょう、たかぎの読みがある
高畑山	19	他に高畠、高旗山がある
高取山	17	鷹取山と対で東征の進攻方向を示していた

　表 14 は全国の高で始まる主な山です。表に記す全ての山が、古代の人が意識的に何かを記録したものという、検証はできていませんが、さらに検証したい「タカ」型の山があります。高倉山が朝倉市に見つかったことから、朝倉市に起源をもつと思われる、山が検証候補です。
　高城山はその 1 つで、朝倉市に「城」という地名があります。この「城」地名は、朝倉と日田の 2 つ高倉山を結んだ線上にあります。この付近は当時の高天原の中枢域とも考えていました。それで高城山の基となり、各地に名づけられたと推測したのです。
　高塚山もその 1 つです。「城」と同じように高天原中枢域と考えたところに「拝塚」の地名があり、この塚が高塚山の基となったと推測しています。後に高倉山に加えて、この高城山、高塚山を検証した結果を報告しますが、神武東征の別な側面が見えてきたことを述べておきます。

173

第 2 部　高倉山が明かす 2 つの東征

全国の高倉山

　朝倉市の地名が、「麻底良山」の麻底良を「あさくら」と呼んだことに由来する説があります。この朝倉市にある［1］高倉山は高天原の倉（底良）で、天照大御神を表すのでしょう。まず全国の高倉山を調べてみることにしました。表15です。全国に56もの高倉山が見つかりました。注目するのは、伊勢神宮の外宮境内にある［17］高倉山です。

　外宮には豊受大神が祀られています。使用している文字は違うのですが登由受気神が、天孫降臨の際に伴をしたと古事記に記しています（表3参照）。2人を同一人物とすると、天照大御神の後を継いだ豊受大神が、ずいぶん先に生まれたことになります。これまで天照大御神は卑弥呼と考えてきました。卑弥呼の後を継いだ台与は13歳だったと魏志倭人伝に記していて、世代交代の疑問が生じます。

　疑問を残していますが、朝倉の高倉山が天照大御神の後を継いだ、豊受大神のシンボルとすると、薩摩、朝倉、外宮にある3つの高倉山が豊受大神で結ばれたことになります。

　神武東征を記した日本書紀にも、宇陀の［16］高倉山が登場します。神武（若御毛沼命）がこの高倉山に登って、国の中を眺められたと記しています。このことから［16］高倉山までは神武東征の際に名づけ、これより東の高倉山は日本武尊東征の際に名づけたと考えました。東国に多く40もあります。

　神武東征は神武兄弟や豊受大神など、多くの人達によって成れたものです。高取山と鷹取山は対で、東征の概略の進攻方向を表し、高尾山がこれを補佐していたと、これまで述べてきました。

表15　全国の高倉山（1）

No	山名	標高 m	所在地付近の地名	緯度	経度
1	高倉山	286	福岡県朝倉市日向石	33/27/13	130/42/31
2	高倉山	684	大分県日田市大山町西大山	33/11/19	130/58/47
3	高倉山	386	鹿児島県薩摩郡さつま町	31/52/18	130/27/49
4	高倉山	446	鹿児島県日置市吹上町和田	31/28/43	130/22/37
5	高倉山	381	山口県山口市吉田	34/07/33	131/28/39
6	高倉山	148	山口県萩市江崎	34/38/05	131/39/07
7	高倉山	383	岡山県高梁市松山	34/46/28	133/36/32
8	本宮高倉山	458	岡山県赤磐市西中	34/45/04	133/58/17
9	高倉山	548	岡山県岡山市北区建部町	34/56/27	133/52/34
10	高倉山	357	兵庫県佐用郡佐用町櫛田	34/58/44	134/21/20
11	高倉山	427	兵庫県たつの市新宮町平野	34/56/42	134/31/04
12	高倉山	212	兵庫県神戸市須磨区西須磨	34/39/02	135/06/01
13	高倉山	266	兵庫県淡路市木曽上畑	34/24/17	134/51/17
14	高倉山	159	大阪府泉南市信達市場	34/21/13	135/17/26
15	高倉山	249	和歌山県海南市小野田	34/10/05	135/15/45
16	高倉山	440	奈良県宇陀市大宇陀区大東	34/28/15	135/57/22
17	高倉山	117	三重県伊勢市常盤町	34/28/56	136/41/58
18	高倉山	851	長野県下高井郡野沢温泉村	36/57/16	138/29/34
19	高倉山	1326	長野県下水内郡栄村堺	36/54/17	138/36/38
20	高倉山	1144	新潟県南魚沼市清水瀬	37/04/20	138/59/08

第2部　高倉山が明かす2つの東征

全国の高倉山（2）

No	山名	標高 m	所在地付近の地名	緯度	経度
21	高倉山	930	新潟県魚沼市大栃山	37/13/33	139/08/21
22	高倉山	102	石川県珠洲郡能登町真脇	37/18/07	137/11/58
23	高倉山	922	石川県白山市木滑	36/18/10	136/39/40
24	高倉山	973	福井県勝山市北谷町小原	36/05/00	136/35/19
25	高倉山	1246	福井県大野市持穴	35/50/22	136/44/47
26	高倉山	164	福島県いわき市常磐湯本町	37/00/50	140/49/40
27	高倉山	295	福島県いわき市四倉町八茎	37/08/05	140/54/58
28	高倉山	205	青森県むつ市川内町	41/14/11	141/00/51
29	高倉森	829	青森県中津軽郡西目屋村	40/32/26	140/09/50
30	高倉山	567	秋田県大館市商人留	40/19/51	140/38/30
31	高倉山	1051	岩手県八幡平市	40/04/06	140/55/23
32	高倉山	1409	岩手県岩手郡雫石町西根	39/47/13	140/53/24
33	小高倉山	1235	岩手県岩手郡雫石町西根	39/47/56	140/54/11
34	高倉山	777	岩手県岩手郡雫石町西安庭	39/36/25	141/01/45
35	高倉山	756	岩手県盛岡市玉山区藪川	39/51/27	141/26/23
36	高倉山	1141	岩手県下閉伊郡岩泉町釜津田	39/45/18	141/32/34
37	高倉山	548	岩手県花巻市大迫町内川目	39/29/51	141/18/33
38	高倉山	134	岩手県一関市花泉町永井	38/45/29	141/13/24
39	高倉山	855	宮城県黒川郡大和町吉田	38/25/57	140/44/10
40	高倉山	853	宮城県仙台市太白区秋保町馬場	38/18/10	140/34/03

第1章　九州の高倉山

全国の高倉山（3）

No	山名	標高 m	所在地付近の地名	緯度	経度
41	高倉山	1227	山形県米沢市入田沢	37/49/32	139/59/03
42	高倉山	1461	山形県米沢市大沢	37/46/28	140/14/33
43	高倉山	569	山形県南陽市萩	38/09/39	140/10/35
44	高倉山	189	山形県最上郡舟形町富田	38/41/09	140/17/18
45	高倉山	1054	山形県最上郡戸沢村角川	38/37/13	140/07/12
46	高倉山	694	山形県尾花沢市上ノ畑	38/32/27	140/32/27
47	高倉山	970	新潟県胎内市下荒沢	37/56/27	139/33/44
48	高倉山	615	福島県安達郡大玉村玉井	37/33/25	140/19/20
49	高倉山	1308	福島県南会津郡下郷町中山	37/17/09	139/49/40
50	高倉山	1284	福島県南会津郡下郷町合川	37/13/22	139/55/46
51	高倉山	1574	福島県南会津郡只見町石伏	37/13/16	139/18/50
52	高倉山	1204	福島県南会津郡南会津町糸沢	37/08/58	139/41/32
53	高倉山	502	栃木県那須郡那珂川町小砂	36/48/17	140/11/45
54	高倉山	1437	栃木県日光市湯西川	36/55/52	139/34/10
55	前高倉山	1426	栃木県日光市湯西川	36/55/06	139/34/28
56	高倉山	1449	群馬県利根郡みなかみ町	36/48/57	138/57/26

緯度、経度は「世界測地系」の北緯・東経を度／分／秒で表しています。

　しかし皆、同じ道をたどったのでなく、人や隊によっては異なる道も進んだことでしょう。高倉山、高城山、高塚山などのタカ型の山名は別な道を進んだ人に、託された山なのかも知れません。その一つ高倉山を豊受大神のことと仮定してみます。

第2部　高倉山が明かす2つの東征

　高倉山を伴として東征の跡を訪ねることで、豊受大神や東征に参加した人達がそこで何を考え、何を記録しようとしたのか見えてくるかも知れません。そうなれば、第1部「丘と岡が明かす天孫降臨」で出会った感動に加えて、新しい感動があるかも知れません。きっと素晴らしい時空の旅になると期待できます。順に訪ねてみることにします。

[1] 高倉山（286m）福岡県朝倉市日向石

　なぜこの山を高倉山と名づけたのでしょう。麻底良山と結んだ反対にある高山は、天照大御神が岩戸隠れした際に、天の眞拆（まさき）や葛（かづら）を求めた山です。高山から底良（くら）山を結べと掛けた言葉の高倉山かも知れません。日向石の所在地名も意味あり気です。

写真121　[1] 高倉山

　このライン上には、地図39に示す美奈宜神社があります。この神社は神功皇后が高倉山の北にある古処山（こしょさん）に住む羽白熊鷲（はじろくまわし）を討ったとき、近くの佐田川のほとりで戦勝を奉告したのが由来となっています。また橘広庭宮跡は、斉明天皇が新羅との戦いで、九州に下った際の行宮跡で

地図39　朝倉の高倉山

す。神功皇后、斉明天皇はここが天照大御神に関係する、重要な土地であることを知っていたのでしょう。

第1章　九州の高倉山

　天照大御神を祀る麻底良山を挟む、この高倉山は天照大御神（卑弥呼）が没した後の、名付けであることが分かります。天照大御神の後を継いだ豊受大神が遺した山と仮定できます。

[2] 高倉山（684m）　大分県日田市大山町西大山

　日田市の高倉山も朝倉の高倉山と対で麻底良山を、指し挟んでいました。日田の町から10数kmも大山川を遡った、松原ダムの横にあります。ここに、高倉山を選んだ理由は、麻底良山を指し遺す意味もありますが、日田は天孫降臨の出発地点でもあることから、南九州の高倉山に向かった、豊受大神の出発地点だったと推定しました。

写真122　[2] 高倉山

　若御毛沼命（神武）が日向に戻った経路は、国道3号を八女から山鹿に筑肥山地を越えていたので、若御毛沼命の名づけではありません。

　近くにある高塚山と英彦山近くの高塚山が、また対に見えます。その中間に第1部で見つけ

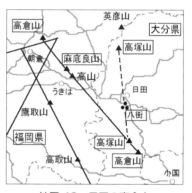

地図40　日田の高倉山

た八街があるのは偶然でしょうか。1つの高塚山を高倉山の対の中に設置したのは、高倉山と高塚山を関連付ける古代人の工夫に見えます。

第2部　高倉山が明かす2つの東征

そこで、また全国の高塚山を調べてみることにしました。

全国の高塚山

全国に34の高塚山が見つかりました。九州には9山ありました。9山を地図41にプロットし結んでみました。この配置を見て、先の天孫降臨で調べた経路と良く似ていることに気付きます。朝倉を出発し、日田から高千穂町に向かい、西都に行ったように見えます。

その後の経路は高千穂峰でなく、椎葉、五木、人吉を経ているところが、天孫降臨と異なります。後に混同しないよう敢えて変えた

地図41　九州の高塚山

のでしょう。薩摩半島に向かったのは同じです。最終地点が屋久島であることに驚きます。

地図に示した①〜⑧は対で、その中間にあるものを、指し遺したのでしょう。

1) ①は上述のように猿田彦大神が天孫降臨を待ち受けた、八街を示していました。
2) ③の対は高千穂町の真上を通過させています。また、西都

第1章　九州の高倉山

に進んだことも記録したのでしょう。
3) ④⑤は西都原から九州山地の深い谷に入り、最後に1,200mの山を越えて、人吉へ進んだ記録に見えます。
4) ⑦は人吉から久七峠を越え伊佐市、さつま町と進んだ記録に見えます。
5) ⑦～⑧は山幸彦と豊玉姫の出会いの場所を、指示しているように見えます。さらに屋久島の高塚山の近くに、小高塚岳を残して縄文杉を指し示していたのです。山と岳を使い分けて、名付けをしていたことが分かります。

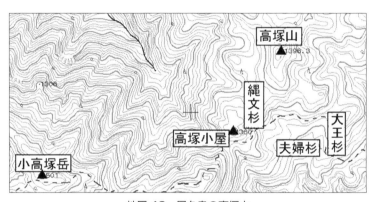

地図42　屋久島の高塚山

古代人が、縄文杉を見た記録ならば本当に驚かされます。縄文杉は樹齢7,000年の説もありましたが、今では3本の木が合体したもので、樹齢2,700年とも推定されています。1,800年ほど前に見たとしても、樹齢900年の大木だったことが分かります。神宿る木として高塚山を残したのかも知れません。

高倉山と高塚山を関係付けし、豊受大神の進んだ経路を残したのかも知れません。そこには大神をサポートする隊があったので

第 2 部　高倉山が明かす 2 つの東征

しょう。

　[3] 高倉山（386m）鹿児島県薩摩郡さつま町船木
　[4] 高倉山（446m）鹿児島県日置市吹上町和田

　遠く高天原からやってきて高倉山を残したわけは、天照大御神の悲願だった新しい国づくりのために、東征が決まったことの邇邇藝命への報告だったと考えました。この国づくりの第一歩が、邇邇藝命の天孫降臨に始まることへの感謝だったので

写真 123　[4] 高倉山

しょう。当時の人達がこの南九州での国づくりが、大きな力になったと評価していたことが分かります。

　登由宇気神が天孫降臨に参加したと古事記に記したのは、この豊受大神の薩摩への旅を同一に記したのかも知れません。

○倉山も同種の山

　高尾山は東征の一里塚の役目で、○尾山が東征のできごとなどを記録していたと考えています。同様に高倉山も同種の○倉山の 1 つで、多くの○倉山とともに建国の心を残した、山であることを見つけたのは、東北でのことでした。そのことは後で報告します。

　全国の○倉山を調べてみました。高倉山 56 を含めた○倉山が 412 山見つかりました。高尾山を含めた○尾山は 221 山でしたから、日本最多の同種の山ということになります。日本最多の同一名称山「城山」が 287 山ですから、これを大きく上回ります。

　2 つの東征がたくさんの山に、名づけていたことが見えてきま

した。外国の山名の知見はありませんが、日本国成立ちの特徴のように思います。

権現山も東征の足跡

東征で名づけた多くの山に押しつぶされそうですが、さらに権現山が東征の足跡として見つかったのも、日本武尊東征を調べる中でした。この権現山も全国で93山が見つかります。地図43に九州の権現山21山と〇倉山10山を表示しました。

問題は、これを東征隊が名づけたのか、南九州に下った豊受大神が名づけたのかです。無関係な山もあるのでしょうか。

地図43　九州の〇倉山と権現山

第1部で見つかった古代航路足跡の長崎鼻や白浜に加えて、権現山・〇倉山を現地に訪ねました。これらの山には必ず形良く見える場所があり、そこに集落があり名を伝えたことが分かります。「よく訪ねてくれました」と村人に感謝され、うれしくなることもあります。村人はきっと名のある、その山を大事にしてきたのでしょう。

第2部　高倉山が明かす2つの東征

●権現山（320m、鹿児島県肝属郡肝付町波見）

　第1部で神武天皇発港の地を紹介しましたが、この港の東南1.2kmに肝属川を挟んで置かれています。神武が出発した記念すべき場所と考えたのでしょう。

●権現山（52m、宮崎県日向市幸脇）

　日向市の美々津に「起きよ祭り（旧暦8月1日）」があることを知りました。神武東征が日の出の中、船出することとなり見送りのため、家々を呼び起こして廻った由来とのことです。

写真124　美々津の権現山

　その美々津の港の先端に、神武を見送るように名づけられています。

●新ケ倉山（236m、鹿児島県薩摩川内市樋脇町）

　潅漑稲作を伝えた多くの宇都地名が残る、薩摩川内市樋脇町^{ひわきちょう}に、この新ケ倉山があります。

●権現山（294m）熊本県芦北郡芦北町大川内
●権現山（694m）熊本県球磨郡球磨村大瀬

　この2つの権現山は神武が日向に戻る際に、球磨川の難所を迂回し、芦北から湯浦川沿いに遡り、球磨川上流の球磨洞付近に進んだ足跡に見えます。球磨村大瀬の権現山は球磨洞付近の岩場の難所付近から良く見えて、この難所を神武が越えた意味の権現山だったのです。

●権現山（402m）熊本県天草市魚貫町
●権現山（269m）熊本県天草市河浦町河浦

第1章　九州の高倉山

　この2つの権現山は9kmほどの近さにあり、その間に高取山が見つかります。この高取山は天草の人達が東征に参加したことを残した山で、福岡県直方市にある鷹取山に結ばれています。神武がやってきているかどうかは分かりませんが、方角をそろえて敢えて2つの権現山で挟んでいるのは、この高取山を大事に考えていたことが分かります。

●九朗戸ケ倉山（622m、長崎県佐世保市戸ケ倉町）

　天孫降臨編で記したように、佐世保市にあるこの山は、天孫降臨を先導した猿田彦終焉の地の諫早にある佐田岳を、獅子島の七朗山との組み合わせで、指し残した山であることを見つけました。

●権現山（617m、福岡県北九州市八幡西区）

　岡田宮近くにある皿倉山と花尾山を結べば、岡田宮に至ると仮定し、岡田宮を訪ね皿倉山が見える階段に立ってみました。

　結果は、皿倉山と権現山の鞍部と花尾山を結ぶと岡田宮に至っていました。

写真125　岡田宮より

　天孫降臨や東征の多彩な活動の一部が見えてきただけなので、すべての山が何に関係するかとの検証はできません。東征との関係だったとしても、山を探し出すことは大変な作業なので、後を追う豊受大神にはできない作業と旅の中で理解しました。東征隊の中に、後につきながら村や山に、名前を付ける部隊があったと

考えます。言えることは、後の人が名づけることは困難で、ほぼすべてが東征の中で名づけたと思われることです。

全国の高城山

九州には高城山の経路も見つかります。地図44です。この経路も高千穂町を通過しています。想像ですが若御毛沼命の日向帰還の際に、熊本平野で若御毛沼命（神武）と分かれた隊があり、阿蘇から高千穂町を経由して、佐伯付近で日向を出発した東征隊と合流した経路に見えます。

地図44 九州の高城山

高千穂神社の由緒に「神武天皇の皇兄、三毛入野命が御東征の途次、高千穂に帰られて日向三代をおまつりされた」とあったので、三毛入野命かも知れません。

なぜ途中で分かれたのでしょう。この時、狗奴国との戦いがあったのでしょうか。次項の鉄遺跡の状況から、東征するにあたり、多くの鉄武器が必要になるので、その準備があったようにみえます。

古代九州と鉄

『邪馬台国と狗奴国と鉄』（彩流社）で菊池秀夫は、九州の弥生遺跡から出土した、鉄の遺物について考察しています。

図10を見ると狗奴国があったと思われる熊本、阿蘇地方の、白川・菊池川・緑川流域で鉄器件数が最も多く見つかっています。

第1章　九州の高倉山

倭国のあった北部九州に比較し、遺跡・遺構が少ないにかかわらず、多くの鉄器が見つかることについて次のように述べています。
「筑後川以北の九州では鉄の遺跡はひろくまんべんなく分布しているのに対して、中部以南では狭い地域に密集して、しかも一つの遺跡に多数の遺物を出土する傾向が見られる。このことは何を意味しているのであろうか。

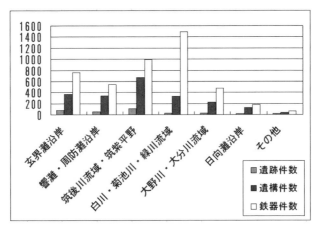

図10　九州の地域別の遺跡・遺構・鉄器件数
「邪馬台国と狗奴国と鉄」（菊池秀夫）より

交易や農作物の生産に便利な沿岸部や河川沿い、もしくは平野部に人が集まり、産業が栄え、やがて権力や統治していく機構が発展していくことは充分に理解できる。しかし、どうして内陸部の阿蘇山周辺にまとまった集落が形成されていったかは謎である。特に、阿蘇山北西部と大野川流域に多くの鉄遺物を出土する遺跡が密集しているのは不思議としか言いようが無い。」

さらに鉄製武器の多い順位に20件の遺跡を抽出して表にまと

第 2 部　高倉山が明かす 2 つの東征

めています。表 16 です。（破鏡の項は筆者が追加しました。）
　阿蘇の西に位置する大津町の西弥護面(にしゃごめん)遺跡の出土が、飛びぬけて多くなっています。次位は西都に近い宮崎県児湯郡新富町の川床遺跡です。また阿蘇町の三遺跡を合計すると、西弥護面遺跡の出土数を超え、阿蘇付近がいかに多いかが分かります。また大分市付近の遺跡も目につき、中部九州付近が多いことは、菊池秀夫が述べるように不思議な現象といえます。これを邪馬台国と狗奴国が戦った痕跡と解する意見があります。そして狗奴国が勝利して東遷したとする説の根拠にもなっています。
　写真 126 は阿蘇の狩尾遺跡付近の天神山跡です。阿蘇の鉄鉱石はカルデラ湖に水と鉄バクテリアが反応した鉄分が長い時間をかけて堆積したもので「リモナイト」と呼ばれています。採掘した天神山はすでになく平地になっていました。狩尾の尾が付く地名や天神山の名が東征との関係を残しています。

写真 126　阿蘇天神山跡

第1章 九州の高倉山

表16 弥生時代・武器類鉄器・出土件数ベスト20

遺跡名	場所	鉄武器件数	全鉄器件数	遺構件数	破鏡 件数	遺構
1 西弥護面遺跡	熊本県菊池郡大津町	133	567	108		
2 川床遺跡	宮崎県児湯郡新富町	80	90	82		
3 狩尾湯ノ口遺跡	熊本県阿蘇郡阿蘇町	61	339	37	1	石棺
4 池田・古園遺跡	熊本県阿蘇郡阿蘇町	58	160	25		
5 徳永川ノ上遺跡	福岡県京都郡豊津町	50	65	43	3	墓
6 高添遺跡	大分県大野郡千歳町	43	91	30	1	集落
7 方保田東原遺跡	熊本県山鹿市	40	141	26		
8 下山西遺跡	熊本県阿蘇郡阿蘇町	32	63	21		
9 三雲遺跡	福岡県前原市	30	88	45	2	?
10 貝元遺跡	福岡県筑紫野市	29	91	62		
11 汐井掛遺跡	福岡県鞍手郡若宮町	27	42	28		
12 守岡遺跡	大分県大分市	25	34	13	2	住居
13 下部遺跡	大分県大分市	23	28	14		
14 高津尾遺跡	北九州市小倉南区	21	46	33	2	墓
15 高松遺跡	大分県大野郡犬飼町	20	47	15	1	住居
16 二子塚遺跡	熊本県上益城群嘉島町	19	37	29	1	住居
17 小園遺跡	大分県竹田市	19	34	19	1	集落
18 上菅生B遺跡	大分県竹田市	18	31	25		
19 二本木遺跡	大分県大野郡大野町	18	41	17		住居
20 野中中原遺跡	福岡県福岡市西区	18	41	17		
計		807	2069	689		

＊「弥生時代鉄器総覧」川越哲志氏2000年作成を集約

第2部　高倉山が明かす2つの東征

地図45は鉄遺跡を結んでみたものです。地図44の高城山の経路と良く合致しています。阿蘇付近で鉄武器を準備して大分方向に進んだ隊が、日向から進んできた神武隊と合流したように見えます。

鉄遺跡と東征

上記のように、神武東征における武器の準備と考えれば、これまでの不思議も

地図45　九州の大きな鉄遺跡

氷解してきます。少ない遺跡に集中して鉄武器が出土することや、内陸部の東に向かう街道沿いの遺跡は、その状況を示しています。遺跡の場所を丹念に地図で見ると、東征で使われた〇尾の地名が付近に多く残ることが分かりました。

表16の中にも尾の名が付く狩尾遺跡や、高津尾遺跡があります。最多出土の西弥護面遺跡は、阿蘇を経て大分に向かう豊後街道の脇にあります。住宅地になって遺跡は残っていませんでしたが、その近くに高尾野入口の地名がありました。

高添遺跡

さらに菊池秀夫は、豊後大野市千歳にある高添遺跡についての特徴を、次のように述べています。

「大野川上流域は肥後地方の影響が強い。……古墳時代前期前葉

以降になると、突如として台地上から人的活動の痕跡が消えてしまう。その減少ぶりはあまりにも劇的で、関係する遺跡は数ケ所しか周知されておらず、散在的に横穴墓や古墳が残されている程度である。このことから、政治的な大規模かつ強制的な移動が行われたのでは無いかと考えられている。」

日向を出発した神武東征隊の陸上隊が、延岡から三国街道を大分に進むと、ここ豊後大野市千歳付近で肥後街道を阿蘇から鉄を運んできた隊と合流できます。この合流地点にある高添遺跡で大分進攻の準備を整えたことは、地理的要件から容易に想像できます。進攻なった後、東征隊は宇佐に進むことになり、突如として人的活動が消えたのでしょう。

徳永川ノ上遺跡

この遺跡は福岡県京都郡みやこ町にあります。みやこ町付近は、宇佐から北上する東征隊と、筑紫平野、福岡平野からやってくる人達が合流できる地点です。徳永川ノ上遺跡は古くからの遺跡ですが、弥生終末期を中心とした10基の墳丘墓群に多数の銅鏡・玉類・鉄器を出土しています。

写真127　徳永川ノ上遺跡
（右の川岸段上）

倭国の人々に東征の後を追い、周防灘を船で渡った人が沢山いたと考えます。この渡海を采配した人の墳丘墓群なのでしょう。海から5kmあまりも上流の祓川近くの、ここに船迫の地名も見られます。

第2部　高倉山が明かす2つの東征

破鏡と東征

述べてきた狩尾遺跡、高添遺跡、徳永川ノ上遺跡に破鏡が見つかっていました。表16の右欄です。その他多くの遺跡でも破鏡が見つかっていることが分かりました。鏡については糸島市の平原遺跡一号墓から、多くの破砕された鏡が出土し注目されています。

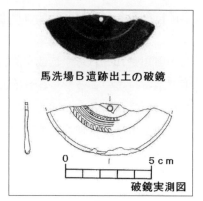

図11　最北の破鏡
（山形県埋蔵文化財センター）

さらに、この破砕された鏡片に穴あけしたものや、断面を鋭角に後加工した鏡片が各地で見つかっていて、これを破鏡と呼び、後加工していないものは、たんなる鏡片と区別して呼んでいます。このような鏡の発見が、全国で600片を超えています。

卑弥呼が魏からもらった100枚の鏡に興味がありますが、この破鏡や鏡片にも興味が生まれます。なぜなら西日本では破鏡や鏡片の多くが弥生時代後期から古墳前期の、集落の住居跡や溝で見つかるからです。この破鏡を考古学では破棄や放棄したと記していますが、私は東征の最中、持ち歩いた人が落としたか忘れた鏡ではないかと考えてみました。

遠く東北でも見つかっていて、図11は山形市中野の馬洗場B遺跡の竪穴住居跡で見つかった最北の破鏡です。『弥生時代九州における銅鏡の副葬と廃棄』(熊本大学社会文化研究／南健太郎) では次のようなことを述べています。

①肥後地域の集落域から、破鏡が見つかり始める。

②第1期、破鏡の副葬が最も早く行われるのは、佐賀平野である。
③副葬の第2期は、完形漢鏡がもたらされる地域（糸島平野・福岡平野）にほぼ限定されている。
④第3期は銅鏡分布の拡大期であるが、北部九州一帯に加え肥後地域や豊後地域といった周辺地域にまで、副葬は拡散するようになっている。
⑤第4期にも継続して周辺地域へ多くの破鏡が拡散しており、北部九州中枢部には副葬が少ない。

　以上の破鏡が見つかる状況の変化から、この破鏡を持ち歩く習慣は、神武が倭国連合を果たして日向に戻る遠征に始まったように見えます。その遠征には日向の人だけでなく、佐賀平野の人も参加したのでしょう。南にある狗奴国との戦いでの出征ならば、いつか家に戻れたでしょうが、この遠征は遠く「ひのもとの大倭」を目指していて、戻れるかどうか分かりません。
　生涯の別れも覚悟しての出征だったと思います。鏡を割りいつか出会う日のために、家族の絆の証として持参したのでしょう。年老いた父母は帰還を待つもかなわず、戻った息子に誰の墓なのか分かるよう、この破鏡とともに埋葬しました。妻や子は、この小さな鏡のかけらを持って後を追ったのかも知れません。出征し早くも肥後地方では病に倒れた人もいたでしょう。また鏡には穴を開け紐を通して硬く結んでいましたが、失くす人もいたに違いありません。必死に探し、そして見つからず、どんなにか悲しんだことでしょう。胸つぶれる思いです。
　この破鏡の習慣は佐賀平野から倭国全体に広がり、多くの人が東に移動し、父母達が亡くなると破鏡を副葬することもなくなっ

ていきました。

　この破鏡は他の鏡片と合致したことがないといいます。破鏡のデータベース化や画像解析技術が進み、いつか2つの破鏡が出会う日を待ちたいと思います。

東征に持参した鏡

　功を遂げた人は神武東征後、里帰りして古墳を造り骨とともに「ひのもとの大倭」から持ち帰った鏡を埋めた人もいたでしょう。東征にどのような鏡を持参したかを知るには古墳でなく、集落から見つかる破鏡が実態を良く表しているように考えます。

　『最北の破鏡』((公)山形県埋蔵文化財センター研究紀要／高橋敏)で、破鏡リストが発表されていたので調べてみました。678片の内、奈良・京都以西出土は583片です。そのうち弥生後期～古墳前期の集落から見つかった鏡は153片でした。竪穴住居・集落溝・河川・田の床土などから見つかっています。

表17　西日本の集落で見つかった破鏡の数

鏡　式	数	鏡　式	数
内行花文鏡	40	獣形鏡	2
方格規矩鏡	20	異体字銘帯鏡	2
弥生小型仿製鏡	9	後漢　斜縁鏡	2
キ龍文鏡	4	細線式獣帯鏡	2
重圏文鏡	3	前漢鏡	2

＊鏡式は大変多くあり、多い順に挙げています。

　鏡式を判定できない鏡片も39片ありましたが、表17のように内行花文鏡と方格規矩鏡が多数を占めるのは変わらないでしょ

第1章　九州の高倉山

う。卑弥呼が魏よりもらった鏡は、三角縁神獣鏡との議論が長い間行われてきましたが、少なくとも神武東征では持参していないようです。西日本で見つかった三角縁神獣鏡片はすべて古墳や墳墓、祭祀跡でした。

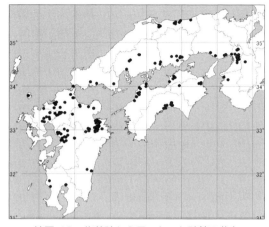

地図46　集落跡から見つかった破鏡の分布

　地図46に西日本の、弥生後期〜古墳前期の集落から見つかった破鏡153片の出土地を、プロットしてみました。

　今後の発見で状況は変わるかも知れませんが、気づいた点を挙げてみます。

①島根県・京都府・三重県でも破鏡は出土しますが、みな古墳からの出土でした。

②長髄彦（ながすねひこ）と戦った東大阪付近、松山、高知、大分、熊本に集中して見つかります。

③熊本平野の北、筑肥山地と矢部川間の広川町、八女市、みやま市、大牟田市では、古墳・墳墓から数点見つかっているのみで、矢部川以北に比較して少ない数です。

④熊本平野の破鏡は、集落か墳丘のない墓に限られます。

　ペンダントのように首にかけた絆の鏡も、戦いや灌漑稲作の指導など激しい動きの中では失くすこともあったのでしょう。熊本

195

第 2 部　高倉山が明かす 2 つの東征

平野では戦いがあったように見えます。魏志倭人伝は邪馬台国と狗奴国の不和を記しています。247 年、魏にこの戦いについて訴え、その結果、遣いがやってきて告諭しています。この頃卑弥呼（天照大神）は亡くなります。

　その後、265 年最後の遣使を行いますが、戦いの結果が記されていません。よって、この後の神武東征時、若御毛沼命が一旦日向に戻る際、狗奴国との決着の戦いがあったように思います。

　熊本平野の破鏡の集中が狗奴国との戦いの激しさを示し、分布範囲が戦場だったのでしょう。北は山鹿市、東は南阿蘇村、西は玉名市、南は熊本市南区（旧城南町）付近までになります。第 1 部で高千穂町から山都町・美里町を経て、宇土半島に至る道筋に宇土地名が見つかり、狗奴国が熊本平野に絞られたとする結果と良く一致しています。

第2章　神武東征での高倉山

神武東征の経路

　先の第1部に、これまで調べた神武東征の経路を地図5に載せました。その中で高尾山の配列が、瀬戸内海を進んだ神武東征の本隊の経路を残していました。抜粋して地図47に示します。

　北九州の水巻町に始まる、高尾山の直列には驚きます。高雄山は経路の区切りです。吉備経路の区切りは、播磨に向かう高取峠近くの高雄山です。芦屋の鷹尾山は丹波・京都など言向けした部隊の集合場所で決戦への出発地点です。熊野に迂回したことも記録しています。宇陀を経た東征の最終地点は宇治です。「宇治」の地名もこの世界を治める決意の名づけでしょう。

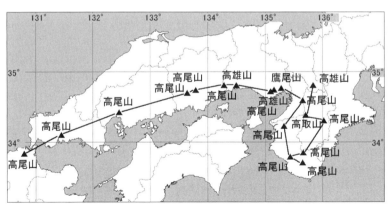

地図47　東征経路の高尾山

第 2 部　高倉山が明かす 2 つの東征

神武東征経路の高倉山

　奈良までの高倉山もつないでみました。地図 48 です。山口に始まり一旦日本海に出て、その後、中国道沿いに神戸に至ります。淡路島に渡った後、泉南に上陸し和歌山から宇陀で終わっています。

　豊受大神といえば、雄略天皇時代に丹後より伊勢の外宮に移されていて、丹後には今も各所で祀られています。その丹後に高倉山が見あたらないことが気になります。しかし神武東征経路と良く合っていて、東征時の名づけの仮定に自信を得ます。東征隊は生駒の孔舎衛坂（さえのさか）で戦いに負けています。その戦いの地、河内を避けて淡路島へ迂回したように見えます。そして最終地が宇陀だったのです。

　豊受大神は別名・稲荷の神です。この名の稲荷山が東征経路に見つかります。地図 48 に△印で追記しています。稲荷山は九州にないので、東征途中でこの名が生まれたことが分かります。この山も豊受大神の足跡とすると、出雲の美保関や熊野を経由しているように見えます。高梁市、岡山市南区、高松市の稲荷山が直線を形成しています。何を記録しようとしたのでしょう。最後が伏見稲荷の山です。

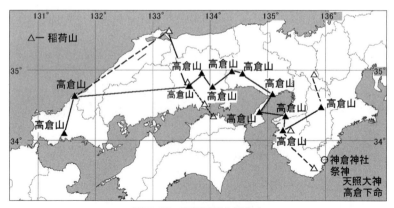

地図 48　東征経路の高倉山

第 2 章　神武東征での高倉山

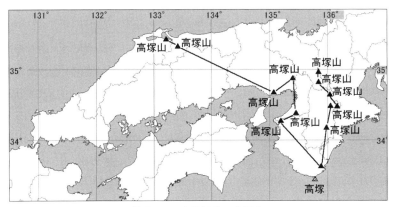

地図 49　東征経路の高塚山

　先の九州の検討で、高倉山との関係が深く見えた高塚山の経路も地図に拾ってみました。地図 49 です。中国地方の西部にはなく、出雲の米子付近から始まります。やはり東征経路に良く似て、熊野迂回の後、宇陀に至ります。最終地点が、高尾山が示す東征の経路と同じ宇治で終わっています。いくつもの経路が和歌山から熊野を迂回し、あるいは直接宇陀に向かっていることに驚かされます。宇治が東征の最終地点との考えにも自信が湧いてきます。

　さらに高城山の経路も調べてみました。(地図 50) 四国、山陰と各地を巡り、やはり和歌山から最後は宇陀で終わっています。四国の剣山付近の高城山は 1 つ離れていて、誤りにも見えますが、東征隊が高知から土佐中街道を物部川沿いに遡り、那賀町から剣山方向に進んだ足跡です。

　おおよそ 1700 年も前のことなので、全ての足跡を謎解くことはできません。それでも高倉山を中心に、さらに訪ねて調べてみることとします。

199

第2部　高倉山が明かす2つの東征

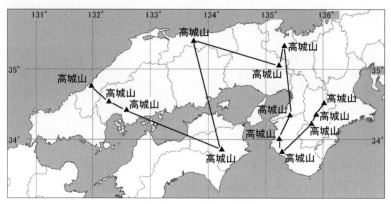

地図50　東征経路の高城山

[5] 高倉山（381m）山口県山口市山見

　この高倉山の近くに水巻町から続く高尾山があり、山口市の海岸は先の徳永川ノ上遺跡付近から船出した人達の、上陸地点と考えています。徳永川ノ上遺跡付近は旧豊津町で豊受大神が船出したところ、あるいは豊玉彦の航路寄

写真128　[5] 高倉山

港地だったのかも知れません。そしてこの山口から、東征を追う新しい旅が始まったと思います。

[6] 高倉山（148m）山口県萩市江崎

　山陰の北浦街道を須佐から峠道を越えた、小さな江崎の港町にこの山はありました。なかなか確定できず、港の神社を訪ねて、こ

第2章　神武東征での高倉山

こで形良く見える、高倉山を確定できました。神社の宮司さんに会うことができ、この山の名前をご存知でした。この港にきて名づけたことが分かります。

豊受大神は、この港を経て山陰に進んでいるかも知れません。

写真129　[6] 高倉山

[7] **高倉山**（383m）岡山県高梁市松山

岡山県西部を流れる大きな川、高梁川の中流の川沿いにありました。高梁市街を流れ下って、成羽川と合流する地点にあることから、この川を意識した名付けであることが分かります。高梁川の安寧を祈っ

写真130　高梁川と高倉山

たと考えました。写真は、春まだ浅く雪もちらつく一夜を車中で過ごし、朝日が山頂にあったときの画像です。

[8] **高倉山**（548m）岡山県岡山市北区建部町

[9] **本宮高倉山**（458m）岡山県赤磐市西中

この2つの高倉山も岡山県中央部を流れる旭川の中流と、下流の

写真131　[9] 高倉山

201

第2部　高倉山が明かす2つの東征

赤磐市の河畔にあります。赤磐付近は山陽道を進んだ東征隊の、足跡が色濃いところです。豊受大神は東征隊に追いついたように見えます。そして新しい土地の稲作に欠かせない、川の安寧を祈ったのでしょう。豊受大神のこの川への祈りの跡が、元伊勢として後に注目することになりました。

[10] 高倉山（357m）兵庫県佐用郡佐用町櫛田

この山を佐用町側から探してみましたが、なかなか山頂を確定できませんでした。そこで反対側に向かうと、千種川の河畔にある高倉山がすぐに見つかりました。明らかに千種川を意識したものです。これで、岡山平野の3つの河川沿いに高倉山が見つかったことになります。

写真132　[10] 高倉山

[11] 高倉山（427m）兵庫県たつの市新宮町平野

佐用町から出雲街道をたつの市に進みます。豊受大神は陽のあたる山陽道は進まず、絶えず山間を進んだように見えます。安全を期したのでしょうか。揖保川の支流、栗栖川の合流点から3kmほど栗栖川を遡った河畔にありました。

写真133　[11] 高倉山

[12] 高倉山 (212m) 兵庫県神戸市須磨区西須磨

東征の多くの部隊は神戸付近に集合し、最終の目的地「ひのもとの大倭」に向かう準備を整えます。その集合地点で、出発地点が芦屋の鷹尾山でした。神戸の六甲の山々に、いくつかの高尾山や高雄山でこのことを残していました。その配置がX字になっています。地図51です。

地図51　六甲の高尾山

Xの交点を区切りの高雄山にして、海上を船できた隊と、陸上をきた隊があることを西側の2つの高尾山で記録しています。そして一部は新たに丹波方面に向かい、

写真134　[12] 高倉山

本隊は芦屋で戦いの準備を進めながら、丹波遠征の部隊の戻りを待ちます。後を追ってきた豊受大神は須磨まできました。須磨の高尾山付近に高倉山を残しています。

孔舎衛坂の戦い

「三月十日、川を遡って、河内国草香村の青雲の白肩津(あおくも)に着いた。夏四月九日に皇軍は兵を整え、歩いて竜田に向かった。……全軍を率いて孔舎衛坂(くさえのさか)で戦った。」

3月10日は現代の暦なら4月の中旬で、水も温んだ頃、決戦に向かったことが分かります。白肩津は今の枚方市と思われ、標

第2部　高倉山が明かす2つの東征

　高20～40mの台地が広がります。天野川が流れ4kmほど遡ると郡津という港の名が残ります。対岸の高槻からも陸上隊が渡河します。兵を整えるのに1ヶ月もかかっているので、多くの船をこの川に留めたのでしょう。近くには高田の地名が残るので、食料の自給も考えた、兵待ちだったのかも知れません。

　竜田に向かうが道が狭く引き返し、草香の孔舎衛坂を山越えしようと考えました。ところが長髄彦が待ち受け戦いとなります。雨のような矢には、坂下の軍は圧倒的に不利で無念の退却です。草香津に引き返したと記しているので、白肩津までは戻らなかったようです。草香津のたしかな位置は不明だが、枚方に続く台地の南端に高倉の地名が残り、この付近と考えました。後に豊受大神は、この高倉を訪ね激戦の跡を見ているかも知れません。

[13] 高倉山（266m）　兵庫県淡路市木曽上畑

　芦屋を発った東征隊が生駒の孔舎衛坂で、苦戦しているとの報が豊受大神に届きます。さらに流れ矢が五瀬命の肘脛(ひじはぎ)にあたって負傷し一旦、熊野に迂回するとの2報も届きます。豊受大神は戦いのあった河内を避け、淡路島迂回で後を追うことにしました。

写真135　[13] 高倉山

　淡路市多賀には淡路島を国生みした伊弉諾命(いざなぎ)を祀り、加護を祈りました。神社がある多賀の地名が、豊受大神と大いに関係があることを示しています。伊勢の外宮の中にも多賀宮(たかのみや)

がありました。「たが」でなく「たか」と読むところに高天原や高倉と同じ意識が読み取れます。多賀宮は豊受大神の荒魂をお祀りしているところです。

淡路の高倉山は伊弉諾神宮の南6kmに置かれていました。

[14] **高倉山**（159m）　大阪府泉南市信達市場
[15] **高倉山**（249m）　和歌山県海南市小野田

孔舎衛坂で傷を負った五瀬命は男神社付近で矢傷がひどくなり、そして竈山の軍中で亡くなり、近くの陵に葬られました。淡路島の［13］高倉山と泉南の［14］高倉山を結んでみると、敵に報いることができず、「男<ruby>建<rt>たけ</rt></ruby>び」したところと伝わる男神

地図52　五瀬命と高倉山

社が線上にありました。同じように淡路から海南の［15］高倉山と結んだ線上には、<ruby>竈山<rt>かめやま</rt></ruby>の陵が見つかります。失くなることのない山に、五瀬命の無念を留めたのです。

神倉神社

熊野に迂回した東征隊が海で遭難した、との報が豊受大神に届きます。稲氷命と三毛入野命まで亡くなりました。兄弟で1人残る若御毛沼命（神武）に大業の東征を、成し遂げてもらわなくてはなりません。豊受大神は祈りそして、天照大御神と高木神の心に添って、建御雷神が国譲りの際に使用した神剣「<ruby>布都御魂<rt>ふつのみたま</rt></ruby>」を届け、萎えていた若御毛沼命を勇気づけることにしました。

第2部　高倉山が明かす2つの東征

遣いとなった高倉下は「寝ているときに神の啓示があった」と述べて、豊受大神のことは口にしませんでした。豊受大神の指示があったのでしょう。神剣を得て「ここにその惑え伏せる御軍、悉に醒め起き」と古事記は記しています。高倉下の名は

写真136　神倉神社

豊受大神の遣いとしての名と考えます。高倉下は速吸之門で水先案内として登場した椎根津彦と同じく、天火明命につながる人です。豊玉彦が拓いた瀬戸内海の航路で、高天原とつながっていたのであれば、ここで豊受大神の遣いをしても不思議ではありません。先代旧事本紀では元の名を、天降名手栗彦命と記しています。

[16] 高倉山（440m）奈良県宇陀市大宇陀区大東

八十梟帥や兄磯城との決戦を控え「九月五日、天皇は宇陀の高倉山の頂きに登って、国の中を眺められた」と日本書紀に記します。この高倉山を訪ねると、登り口から10分程の丘でした。登山道には稲荷神社があり、山頂には高倉下命を祀る高角神社がありました。回りは木立が多く眺めはありません。木立を切り払っても、周りに山があり国見できる山ではないように思われました。それでも、この山に重要な意味があって登られたのでしょう。

潮岬の高塚

高塚山や高城山の多くを訪ね巡りました。その中で記憶に残るのは潮岬にある高塚です。潮岬灯台も近い先端の原生林の中に太

第2章　神武東征での高倉山

陽祭祀の石積みがある情報を得て、これは一連の神武東征における高塚の足跡の一つと考え訪ねてみました。

潮御崎神社の潮崎宮司さんを訪ね、いろいろ伺いました。高さ2mほどの磐積みの高塚があり、そこから南西にやや離れて

写真137　潮岬の高塚

祭祀したと思われる平坦な場所があります。その場所から高塚が夏至の日の出方角にあることから、古代の太陽祭祀の跡と考えられていました。東征隊は夏至の頃、ここを通過したのでしょう。太陽に向かい戦いの加護、新しい国の安寧を祈ったに違いありません。

地図53に示すように、この高塚から北に延びる直線上には、熊野本宮・貝吹山・畝傍山・伏見の稲荷山・お水送りの祭事が行われる小浜の神宮寺などが見あたります。この直線に意味を見つけている配置です。横の線を探すと淡路の伊弉諾神宮と伊勢神宮が見つかりました。

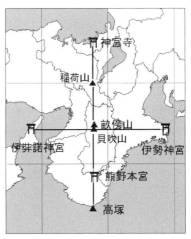

地図53　潮岬の高塚

第3章　その後の豊受大神

　天照大御神の心を受け継ぎ、東征を決断した豊受大神こそ建国の最大の功労者だったと考えています。しかし、日本書紀にその名がありません。古事記の中にも東征では天照大御神の名の下に登場します。控えめな人柄だったことが想像できます。神武が橿原宮で即位したことを見届けると、役目を果たしたと考え「ひのもとの大倭」の都を離れたのでしょう。その後の姿を追ってみました。

『摂津国風土記』逸文

　『摂津国風土記』逸文に手がかりがありました。豊受大神は東征が終わると宇陀に留まらず、宇治を目指したのでしょう。その先の攝津国に居たことを記しています。
「稲倉山。昔、止興宇可乃売（とようかのめ）の神、山中に居まして、飯を盛りたまひき。因りて名と為す。又曰はく、昔、豊宇可売の神、常に稲椋山に居まして、山を以ちて膳厨（みくりや）の處と為したまひき。後、事の故（ゆえ）ありて、已むこと得ずて、遂に丹波国の比遅（ひぢ）の麻奈韋（まない）に還りましき。」

　攝津国を離れなければならない、やむを得ない事の故があったと記しています。摂津は現在の高槻市付近で、南面に丘が続きます。小さな丘だったのでしょう。今、稲倉山は残りません。神武が即位した今、近くに自分がいてはいけないと考えたのでしょう。自分がいることで、北部九州の倭国の人々と都萬国（投馬国）

第3章　その後の豊受大神

の人達が、出身地で勢力が2つに分かれてはなりません。一つになって新しい国をつくって、いかなければならないのです。

しかし、朝倉の高天原から天照大御神の御魂とともに、東征を追ってきた豊受大神には、もはや還れる高天原はありません。何処に行けばよいのでしょう。

元伊勢

天照大御神を今の伊勢の内宮に祀る前のことです。崇神天皇時代に天照大御神の、新しい鎮座地を求める作業が始まりました。託された皇女・豊鋤入姫命(とよすきいりひめ)は、まず奈良から丹波に向かい「吉佐宮(よさのみや)」で、4年間奉斎したと記録が残ります。この時、奉斎した元伊勢と呼ばれる吉佐宮の候補が丹波には複数あります。

表18　伊勢神宮・内宮の元伊勢候補神社

元伊勢	候補神社名	所　在　地
吉佐宮	真名井神社 （籠神社摂社）	京都府宮津市江尻
	皇大神社	京都府福知山市大江町内宮
	笶原神社	京都府舞鶴市紺屋
	竹野神社	京都府京丹後市丹後町宮

地図54は丹波の高尾山から、京都の高雄山を結んでいます。神武東征経路の足跡で、天橋立を通過しています。その線上に元伊勢候補の真名井神社と笶原神社(やはら)が見つかります。このことから東征と関係深いことが見えてきます。

また雄略天皇の時代、倭姫命が天皇の夢枕に現れて、その言葉に従い「丹波国与佐の小見比治の魚井原」から、豊受大神を伊勢

第 2 部　高倉山が明かす 2 つの東征

の外宮に遷し祀られたと古書に記しています。「小見比治の魚井原」は読めない地名ですが、「丹波の与謝郡比治山頂、麻奈井原」のことです。「比治山の頂、麻奈井原」とは、先の『摂津国風土記』逸文に記していた「比遅の麻奈韋」のことと思われます。ところがこの候補となる神社も複数あります。表19の神社です。

地図54　笑原神社

表19　伊勢神宮・外宮の元伊勢候補の神社

元伊勢	候補神社名	所　在　地
比治真奈井	比沼麻奈為神社	京都府京丹後市峰山町久治字宮ノ谷
	奈具神社	京都府京丹後市弥栄町船木
	真名井神社（籠神社摂社）	京都府宮津市江尻
	豊受大神社	京都府福知山市大江町天田内

比遅の麻奈韋

　豊受大神ゆかりの地、「比遅の麻奈韋」を私なりに推理してみることにしました。なぜ比遅（比治あるいは比沼）の場所でなければ、ならなかったのか考えました。丹波の田舎の片隅、その場所に住んだ理由は、特になかったのでしょうか。
　「人は自分でなく、他の人の行動の中に、その人の熱い思いが見えたときに感動を受ける」と、ずっとこの天翔けの旅で思っていました。豊受大神は、天照大御神の心を継いで東征を決断し、邪馬台国女王の位も捨てました。ここ丹波で、豊受大神の行動の中

第3章　その後の豊受大神

に熱い思いを見つけたいと思ったのです。

比沼麻奈為神社

　比沼麻奈為(ひぬまない)神社は豊受大神を祀っています。この比沼麻奈為神社に近い久次岳が、網野町にある高天山の真南に位置することが分かりました。地図55です。四国の高天ケ原山と同じように、この高天山も東征隊

地図55　比沼麻奈為神社の位置

が名づけたと考えます。豊受大神は丹波にくる前から高天山があることを知っていたか、ここで新しく見つけたのでしょう。

　久次岳山頂からは高天山が見えます。山頂の北、高天山の方角に大神社と呼ばれる神社が残り、さらに大饗石(おおみあえいし)と名づく長方形のテーブル石があります。高天山に向かい天照大御神に御饌(みけ)を献じていたと思います。

　また久次岳山頂、大饗石、比沼麻奈為神社境内、大宮賣神社を結ぶ一直線が天橋立の真名井神社に延びている、との情報がネットで見つかりました。地図で確認すると、そのとおりでした。

　この久次岳の麓にある比沼麻奈為神社を訪ねると、その静かで飾らない、たたずまいは豊受大神の控えめな印象そのままでした。さらに、その比沼麻奈為神社を2つの○尾山が指し示していたのには驚きます。丹後半島の笹ケ尾山と高尾山です。豊受大神は、東征隊が名づけたこの山のことを知っていて、この2つの山が指し示す久次岳の麓に住んだのでしょう。

東征の前ではできないことで、また、世代が代われば名づけのことなど忘れ去られて、またできないことです。東征の後、あまり年を経ないことだと分かります。逸文に記す「比遅の麻奈韋」は、この久次岳の麓にある、比沼麻奈為神社以外にないと考えました。

　神社前の小川を数百ｍ下った峰山町二箇の村には、豊受大神が清水戸に浸した籾を蒔いたという「月の輪田」という、三日月田があったといいます。潅漑稲作を伝えた東征の行いと同じです。

奈具社
奈具社（なぐのやしろ）について風土記は次のように記しています。

　丹後の国の風土記に曰はく、丹後の国丹波の郡、郡家の西北の隅の方に比治の里あり。この山の比治山の頂に井あり、その名を間奈井と云う。今はすでに沼と成れり。この井に天女八人降り来て、水浴みき。
　時に老夫婦あり。その名を和奈佐の老夫、和奈佐の老婦と曰う。この老等、この井に至りて、ひそかに天女一人の衣裳を取りかくしき。やがて衣裳ある者は皆天に飛び上りき。但、衣裳なき女娘一人留まりて、すなわち身は水に隠して、一人はぢ居りき。ここに、老夫、天女にいひけらく、「吾は児なし。請ふらくは、天女娘、汝、児となりませ」といひき。天女、答へけらく、「私一人、人の世に留まりつ。何ぞ敢へて従わざらむ。請うらくは衣裳を許したまへ。」といひき。
　老夫、「天女娘、どうして欺かむと思うや。」と曰えば、天女の云ひけらく、「すべて天人の心は、信をもちて本となす。何ぞ疑

第3章 その後の豊受大神

心多くして、衣裳ゆるさざる？」といひき。老夫答へけらく、「疑い多く信なきは人の世の常なり。かれ、この心を持ちて、許さじと思いしのみ。」といひて、ついに許して、すなわち相たぐへて宅に往き、すなわち相住むこと十年余りなりき。

ここに、天女、善く酒を噛みつくりき。一坏飲めば、よく万の病いゆ。その一坏の値の財は車に積みて送りき。時に、その家豊かに、土形(ひじかた)で富めりき。かれ、土形の里と云ひき。こをその時より今時に至りて、すなわち比治の里と云ふ。

後、老夫婦等、天女にいひけらく、「汝は吾が児にあらず。しばらく借に住めるのみ。早く出で行きね。」といひき。ここに、天女、天を仰ぎてなげき、土に伏して哀しみ、やがて老夫達にいひけらく。「私は私意から来つるにあらず。是は老夫達が願へるなり。何ぞ厭う心を起して、たちまちに出し去つる痛きことを思うや。」といひき。老夫、ますます怒りて去かむことを求む。天女、涙を流して、少しく門の外に退き、郷人にいひけらく、「久しく人の世に沈みて天に還ることを得ず。また、親しき者もなく、居らむ方法を知らず。吾、いかにせむ、いかにせむ。」といひて、涙を拭ひて、歎き、天を仰ぎて歌ひしく、

　　天の原　ふり放(さ)け見れば、
　　　　霞立ち　家路まどひて　行方(ゆくへ)知らずも。

ついに退き去きて荒塩の村に至り、すなわち村人達にいひけらく、「老父老婦の意を思えば、我が心、荒塩に異なる事なし。」といへり。よりて比治の里の荒塩の村といふ。また、丹波の里のなげ木の村に至り、槻(つき)の木に寄りて哭(な)きき。故、哭木の村と云ふ。

第2部　高倉山が明かす2つの東征

　また、竹野の郡、船木の里の奈具の村に至り、すなわち村人達にいひけらく、「ここにして、我が心なぐしく成りぬ。」といひて、すなはち此の村に留まり居りき。こは、いはゆる竹野の郡の奈具の社に座す豊宇賀能賣命なり。

　待女達も去り、ついに老夫婦の所に身を寄せる境遇となりました。天女の働きで老夫婦は財を成しましたが、思いもかけず追い出されることになってしまいました。知る人もない身には行く先のあてもありません。遠い高天原は霞の先です。その歌とともに、天女の嘆きに身をつまされます。そして村々を流れ、奈具まで来て「心が和ぐんだ」と記しています。ほっとします。

　そこで、私はなぜこの奈具で心が、おだやかになったかを知りたくて、訪ねることにしました。追い出された比治の里から今の峰山町を通り、10kmほど東北に進んだ、弥栄町の東のやや開けた小さな扇状地にありました。北側の山の麓に小さな奈具社はあります。付近は一面の田んぼで300mほど先はまた山です。

　小さな社に詣でましたが、何も発見はありませんでした。社から駐車場に下りてきて、何気なく見た遠くの風景に、豊受大神の心の風景を見つけました。ただ青々と山々が連なる風景です。その連なる山々が途切れたところがあり、その谷間の向こうに高尾山が見えたのです。何度もナビで確認しました。丹後半島の高尾

写真138　谷向こうに見える高尾山

第3章　その後の豊受大神

山は半島の中ほどにあり、平地から良く確認することができません。ここが、奇跡的によく見える場所だったのです。ここに東征の足跡を見つけて、自分が行った東征の決断が誤りでなかったと考え、豊受大神は心がなごんだのでしょう。うまく、この感動を伝えることができませんが、この事実だけは記しておきたいと考えました。

真名井神社

天火明命からの国宝の家系図が残る籠神社は、天橋立の北岸に近いところにあります。前述の高尾山から京都の高雄山にのびる直線が、この籠神社を通過していることを前に記しました。東征隊が丹後から京都に向かったことを残したので

写真139　天照大神の磐座

しょう。丹波の各地を漂泊した豊受大神がこの風光明媚な、東征の足跡に立たないはずがありません。

この籠神社の北に摂社の真名井神社はあります。漂泊の身の豊受大神に神殿など思いもよりません。静かな森の中に残る磐座を依り代と定め、天照大神、伊射奈岐大神、伊射奈美大神に奉斉したのです。

豊受大神社

福知山市大江には内宮皇大神社と、外宮豊受大神社があります。この2つの神社が25kmも離れた丹後半島の、高尾山と南北

になっていることが分かりました。豊受大神社の神殿の位置が、東西に10mの誤差もないほどの場所だったことに驚きます。そしてこの神殿がある山を、船岡山といい「岡」が入ることも分かりました。船も無意味ではないようです。

内宮からつづく宮川は神社前を通り、1kmほど下流で由良川に注いでいます。豊玉彦や東征隊は、瀬戸内海と日本海を結ぶ加古川と、由良川を意識していたことが見えていました。この由良川の船運などの安きことを願った位置なのかも知れません。由良川が静かに日本海に注ぐ河口近くにまた、同じ名の奈具神社が見つかります。

地図56　内宮と外宮

名方浜宮

元伊勢は豊受大神が、東征の足跡で祭祀した場所であることが見えてきました。外宮の元伊勢は丹波のみですが、豊鋤入姫命が巡歴した内宮の元伊勢は他にもあります。その中で東征経路にあるのは、吉備国と紀伊国です。吉備の「名方浜宮(なかたのはまみや)」に4年、紀伊の濱宮に3年滞在したと記しています。

天照大御神の新しい鎮座地を探すためならば、4年も滞在する必要はないと考えます。巡歴の場所に数年も滞在したのには、それなりの理由があるのでしょう。それは天照大御神の御心を求め

第3章　その後の豊受大神

てのことだったと考えます。邇邇藝命に託した三種神器（八坂瓊曲玉・八咫鏡・草薙剣）を、天皇のそばを離れ新しい鎮座地に据えても、天照大御神の御魂がなければ意味を成しません。

地図57　名方浜宮と東征の足跡

　天照大御神の御魂があった神社を訪ねて、そこにどのような御心があったか求められたのでしょう。見つけた心は、山や里、川などの安寧を祈る心、遷宮を重ねながら続けられていた御饌を献じていた行いや、東征の足跡を大事にする心などです。それらが皆、豊受大神の心だったように思います。巡歴がもっと西の九州にもあったなら、邪馬台国問題も解決が早かったと思えてきます。

　吉備の元伊勢・名方浜宮の候補は8社も挙がっています。東征の足跡との関係を調べると次の2社でした。地図57です。

内宮　　岡山県岡山市南区浜野1丁目
伊勢神社　岡山県岡山市北区番町

　伊勢神社が豊受大神の足跡で外宮に相当し、内宮で御饌を献じていたのでしょう。両社は旭川の近くにあります。旭川の上流にあった高倉山2山と同じく、旭川の安寧を祈ったのかも知れません。

高倉山が明かす豊受大神
　紀伊国の元伊勢・奈久佐浜宮（なぐさのはまみや）の候補は1つで現在の濱宮です。

濱宮　和歌山県和歌山市毛見

第2部　高倉山が明かす2つの東征

　神武東征との関係を調べると、やはり濃厚で高尾山と船尾山の延長線上にあります。また五瀬命の陵と名草山を結んだ先の交点に濱宮があります。ここで祈ったのは五瀬命の戦死に対してであったことが分かります。

地図58　濱宮と東征の足跡

　この浜宮の位置で分かったことがあります。
1) 豊鋤入姫命がやってきた、崇神天皇時代には、ここに天照大御神を祀る奈久佐浜宮があったこと。
2) 神武東征の最中かその後に創祀したと考えられること。
3) 天照大御神を祀っていることから、創祀した人物は天照大御神ではないこと。したがって天照大御神～神武天皇間の世代の人物であること。
4) 元伊勢のつながりから、その人物が豊受大神である可能性が高いこと。

　豊受大神は淡路島から、この濱宮にきて天照大御神に東征隊の加護を祈っていたのでしょう。これまでの天翔けの旅が、妄想でなかったようで安心します。

豊受大神のけじめ

　宇陀の高倉山から丹波の久次岳を結ぶと、摂津国のあった高槻市に高ケ尾山が見つかります。(地図59) 豊受大神はこの高ケ尾山麓で、天照大御神に御饌を献じていたのでしょう。豊受大神は自分が決断した東征が成って、どのようにけじめをつけたのか考

第3章　その後の豊受大神

えてみました。

　宇陀の［16］高倉山で神武は国見しています。山頂には高倉下を祀る神社、登り道には稲荷神社があることは、前に述べました。豊受大神は、ここで高倉下の案内のもと神武と再会を果たし、神武の東征をねぎらうと、新しい国の行く末を神武に託したと考えます。そして新しい大王に認じたのでしょう。周囲の戦況を見たのでなく、国の先々を見た国見だったと考えます。

地図59　天照御魂神社

　東征隊が宇治に到達して東征が終わりを迎えます。ここで天照大御神の御魂とともに遷宮を続けてきた豊受大神が、新しい高天原の橿原に入らないはずがありません。「ひのもとの大倭」のシンボル天香久山を、御魂にお見せしないはずがありません。そう考えると豊受大神が行ったことが見えてきます。

　地図59のように、高倉山・高ケ尾山・久次岳を結ぶ線上に、式内社の天照御魂神社がいくつか見つかります。それぞれの祭神を表20に挙げてみました。

219

第 2 部　高倉山が明かす 2 つの東征

表 20　天照御魂神社の祭神

神社名	所在地	祭神
1 他田坐 　天照御魂神社	桜井市大田字堂久保	天照大神荒御魂
	桜井市戒重字城の内	天児屋根命他三柱
2 鏡作坐 　天照御魂神社	磯城郡田原本町八尾	天照国照彦火明命 石凝姥命、天児屋根
3 木嶋坐 　天照御魂神社	京都市右京区太秦 森ケ東町	天御中主命、大国魂命 彦穂穂出見尊、鵜茅葺不合尊
4 新屋坐 　天照御魂神社	茨木市西福井	天照皇御魂大神 天照国照天彦火明大神 天津彦火瓊々杵大神
5 新屋坐 　天照御魂神社	茨木市西河原	天照御魂神 天児屋根命、建御名方命
6 新屋坐 　天照御魂神社	茨木市宿久庄	天照皇御霊大神 天照国照彦火明大神 天津彦火瓊々杵命

　祭神の名を見ると天照大御神の御魂や、神武の先祖の日向三代をはじめ、国づくりの歴史で大きな役割を果たした人達であることが分かります。その中に建御名方命があることに驚きます。最終迄、国譲りに抵抗した建御名方命です。

　豊受大神はこの神々に東征の加護を祈ってきました。そして祈ってきた神々に、新しい国「ひのもとの大倭」が建てられたことを報告すると同時に、感謝を捧げたであろうことが見えてきます。これが豊受大神のけじめだったのでしょう。

　地図 59 の天照御魂神社 No1 は巻向にある、天照大神荒御魂を祀る他田坐天照御魂神社です。訪ねてみると小さな神社でしたが、驚くことに今話題の 4 棟の宮殿などの建物が見つかった纏向遺跡から 100m ほどの距離を置いて隣接していました。4 棟は東

第 3 章　その後の豊受大神

西の軸線が一致しているとのことで、この軸線の延長を試みると、真の東西線と 5 度ほど傾いて天照御魂神社の神域に向いていました。写真 140 です。

写真 140　宮殿跡から見た天照御魂神社

天照大御神の跡を継いだ豊受大神の、東征後の行宮だった可能性が高いと考えます。

磐余（天香久山の北東域）に大軍が集まり、人で溢れ返ったと日本書紀は記しています。その表現と磐余の範囲から、兵は数千～ 1 万を超えたと推測します。家族の喜びの再会もあったに違いありません。行宮は混乱の地を避け北 4km に行宮を造営しています。

天照御魂神社 No2 は田原本町の鏡作神社の中にあります。鏡は天照大御神の依代なので、豊受大神が御饌を献じる対象です。東征での鏡作りは東征隊の指示で行われていたのでなく、豊受大神の心だったのでしょう。古墳に割った鏡が副葬されるのも、天照大御神や家族・仲間との覆ることのない、絆の証しとしてのものと考えます。この時、多くの鏡が作られ配られたと考えます。

豊受大神は橿原から東征最終地点の宇治にやってきて、橿原宮の真北、伏見の稲荷山で、新しい高天原の安寧を祈りました。このことが稲荷の神として、後に多くの信仰を受けることになります。しかし豊受大神は、このような未来を予測するでもなく、ひたすら国の安寧を祈っていただけなのでしょう。訪ね山頂に向か

第2部　高倉山が明かす2つの東征

うと下之社、中之社、上之社と続き、皆南に向いて3度の祈りを奉げていることが分かりました。伏見稲荷の伏見は、その祈る姿を形容したのかも知れません。

竹野神社

依遅ケ尾山(いちがお)を訪ねて丹後半島の北端に向かったのは、訪ね残る○尾山も少なくなった頃でした。網野町から日本海沿いに東に進み、トンネルを抜けたその先で見つけました。素晴らしい山形に感動したこの時の記憶は忘れません。校庭の向こうに田んぼが広がり小さな平野の向こうに、霧島の二上山（御鉢）のような台形の尾根をした山が見えました。後で知ったことですが、この平野はその昔、入り江だったとのことです。見たかった風景です。

この依遅ケ尾とは不思議な名前です。東征隊は多くの○尾山の名前を残してきましたが、この美しい山を見て「この山こそ尾山の中の一番だ。しかしここにくるのが遅かった」と思ったのでしょう。「依って遅し」と一番を合わせた、古代人らしい掛け言葉と考えました。

この依遅ケ尾山の麓に斎宮・竹野(たかの)神社があります。天照大御神を祀るので元伊勢の候補となっています。丹波大県主由碁理(ゆごり)の娘で、開化天皇の妃であった竹野媛(たかのひめ)が年老いて丹後に戻り、天照大御神を祀ったのが起源とのことです。竹野媛の名は近くを流れる竹野川に由来すると思います。東征は高や鷹の文字を使

写真141　依遅ケ尾山

用してきましたが、ここでは竹を使ったのです。多賀も「たか」だったようにいろいろあてていることが分かります。

　この竹野神社の横に、丹波で３指に入る大きな前方後円墳がありました。登ってみると眼下の丹後町の風景が一望でき素晴らしい眺めです。神明山古墳と呼びます。神明とは天照大御神のことを言いますが、天照大御神（卑弥呼）がここに葬られることはないので、別人物でしょう。依遅ケ尾山と関係があると考えて、平地から最も良く見える場所を探しました。田んぼの農道を依遅ケ尾山の正面と思える場所に立ったとき、神明山古墳の中央にあった、高い石柱が依遅ケ尾山の正面と重なったのです。

　豊受大神が何処に葬られたか分かりませんが、依遅ケ尾山の麓のどこかに眠っていて欲しいと今も思っています。

第2部　高倉山が明かす2つの東征

第4章　古代のシミュレーション

　若御毛沼命（神武）は、豊受大神をはじめ北部九州の人達と力をあわせ、遷都を成し遂げました。今に続く第1代天皇の誕生です。これは何時頃のことなのか、実年代を推し測りたいと思います。

神武天皇が即位した年の謎

「四十五歳になった甲寅（きのえとら）の冬十月五日に神武は自ら諸皇子・舟軍を率いて東征に向かわれた」と日本書紀は記します。そして6年の歳月による、東征を経て辛酉（かのととり）の年の正月、神武は橿原で即位したとしています。

　この甲寅や辛酉の干支が正しいとして、西暦にしたとき何年にあたるかが大きな謎となっています。この干支は60年で一回りする表現なので、諸説があります。偶然にもキリスト生誕に由来する、西暦元年も辛酉の年にあたります。そしてこれを遡る紀元前660年（中国の周の時代）に神武が即位したとする説があります。

　図12は歴代天皇代数を横軸に、没年を西

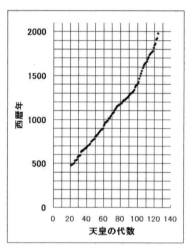

図12　天皇代数と西暦没年

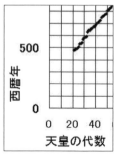

図13　拡大図

暦で縦軸に表しています。20代天皇以前は没年が不明で空白になっています。神武天皇は第1代天皇ですから、代数0の西暦年は神武天皇の即位年といえます。この代数0の西暦年をグラフから予測してみてください。図13に該当部を拡大しました。少なくとも紀元前でないことは見えてきます。西暦200～350年くらいには入りそうです。卑弥呼没年が魏志倭人伝の記述から248年頃と思われ、神武天皇即位と近い年代であることが分かります。近い時代に2人が生きたことは明らかです。

古代天皇の平均在位年数

先に紹介した安本美典は4世紀ごとの天皇の在位年数を調べ、時代を遡るにつれて、平均在位年数が短くなる傾向があると発表しています。

図12でもそのように見えます。中国や西洋の王も同じ傾向で、古代の天皇の平均在位年数は約10年としています。

そこで、在位が確実と思われる第31代用明天皇の586年から30代分を平均年数で遡ると286年が得られます。第1代天皇の神武天皇が286年前後に即位したことが推測できます。さらに日向三代と忍穂耳尊までの4代を遡り天照大御神の没年を推測すると246年となりました。これは安本美典の286年と

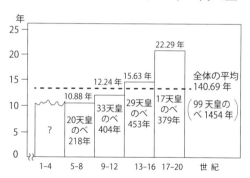

図14　天皇の平均在位年数
（図は見やすくするため修正しています）

第2部　高倉山が明かす2つの東征

平均在位年数10年を借りて、勝手に推測したものですが、魏志倭人伝の卑弥呼が亡くなったと思われる248年と大変近く、天照大御神は卑弥呼同一人物説を補強することになります。

安本美典はさらに、各天皇の在位年数は古事記に記される事蹟の文字数に表れるだろうとし、平均在位年数の増減を試みて、各天皇の活躍年代を推測しています。図15です。こうして神武の即位を286年よりもう少し早い278年を導き出しています。

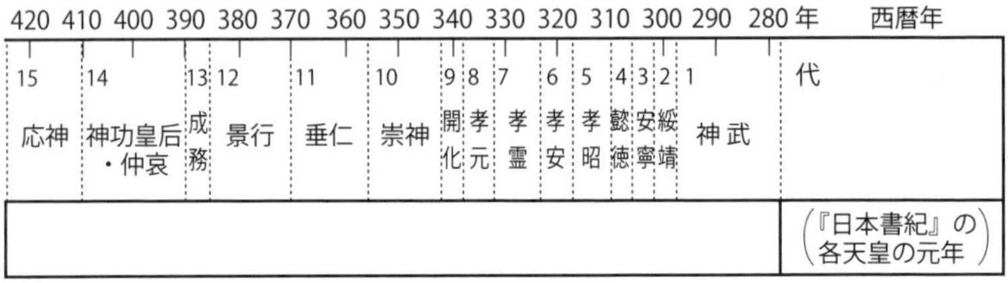

420	410	400	390	380	370	360	350	340	330	320	310	300	290	280 年	西暦年
15	14	13	12	11	10	9	8	7	6	5	4	3	2	1	代
応神	神功皇后・仲哀	成務	景行	垂仁	崇神	開化	孝元	孝霊	孝安	孝昭	懿徳	安寧	綏靖	神武	
															(『日本書紀』の各天皇の元年)

図15　諸天皇の推定年代

神代のシミュレーション

神武が即位した年と記す辛酉の年は、200～350年の間では、241、301年が該当します。

しかし、241年に神武が即位したと仮定すると、天照大御神（卑弥呼）が存命中に、5代も後の神武が東征したことになります。卑弥呼が長命だったとしても、ありえない世代交代の早さです。このことがあって、邇邇藝命など日向三代は創られた神話とされるのですが、天孫降臨で遺した「丘と岡」の事実が歴史であることを示しています。

一方、301年の辛酉に神武が即位したとすると、後の天皇との間が詰まり、欠史8代と呼ぶ第2代の綏靖天皇から第9代開化天

皇までは、なかったことにする説が持ち上がります。

　これ以上どのような解決方法があるのでしょう。先のグラフを2次曲線と仮定して外挿された方もいます。しかし2次曲線を求めるデータの範囲で、60年くらいの誤差が出てしまうことや、東征のような大きな政治的できごとでは、平均的な数値は意味をなさないとの意見も出てきて確定できません。

　そこで、私なりに記紀が記す世代交代は有りえないことなのか、シミュレーションすることにしました。

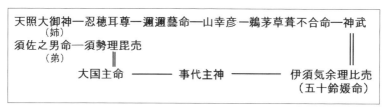

図16　2つの系譜の世代交代

　倭国乱後、卑弥呼（天照大神）が倭国の王に共立された時点から、神武が即位した時点までを取り上げました。姉・天照大御神の系譜の神武と、弟・須佐之男命の系譜の伊須気余理比売が結婚しているので、世代交代を模擬（シミュレーション）しやすいところがあります。図16がその系譜です。大国主命は須佐之男命の6世孫とする記述もありますが、須佐之男命の娘の須勢理毘売と結婚した古事記の記述を採用しています。

できごとの前後関係

「丘と岡」による天孫降臨の足跡と、「たかとり山」による神武東征の足跡で見えてきた、できごとの前後関係です。

第2部　高倉山が明かす2つの東征

1) 魏志倭人伝に登場する投馬国（都萬国）は、魏使来倭（247年）時に存在していたので、都萬国を建国した邇邇藝命の天孫降臨は247年以前です。
2) また天孫降臨は岩屋戸隠れの後に行われているので、岩屋戸隠れと卑弥呼（天照大御神）の死亡（248年頃）とは無関係です。
3) 岩屋戸開きで活躍した人と、天孫降臨の伴をした人が同一人物なので2つのできごとは、同一世代のできごとです。
4) 魏志倭人伝に登場する一支国・末櫨国なども東征に参加していたので、東征は247年魏使来倭の後です。
5) 晋国との交流が途絶えたのは、台与（豊受大神）が東征の後を追ったためで、東征は最後の遣使以降です。
6) 国譲りは大国主命の子、事代主が了解し、その子が神武と結婚しているので、国譲りと東征開始年は近い関係です。

想定した西暦

中国の史料から、実年代を次のように想定しました。
1) 梁書が光和(こうわ)年間(178～183年)倭国乱れたと記述している。卑弥呼（天照大御神）は、その後の国生みの中で生まれたとして、共立を198年に想定。
この時、天照大御神13歳、須佐之男命11歳と想定。
2) 卑弥呼（天照大御神）の死亡年を、魏志倭人伝「正治八年の遣使の後、卑弥呼以死」の記述より248年と想定。
3) 台与の最後の遣使を晋書倭人伝記載の最後、泰始(たいし)初(265年)を採用。

第4章 古代のシミュレーション

表21 神武即位を301年として年齢シミュレーション

	卑弥呼の共立	誓約	天の岩屋戸隠れ	邇邇芸命の誕生	須勢理毘売の誕生	天孫降臨	山幸彦誕生	大国主命の結婚	鵜茅草葺不合命誕生	卑弥呼の死	事代主命の誕生	神武天皇誕生	最後の遺使	国譲り	神武の后の誕生	神武東征出発	神武東征終了	神武結婚	神武即位
神武天皇												0	1	2	16	35	40	41	42
鵜茅草葺不合命									0	11	13	16	17	18	32	51			
豊受大神									11	11	13	27	28	29	43	62	67	68	64
山幸彦						0	0	10	18	18	2								
邇邇芸命			0	10	12	18	18	40	36	36	20	34	35	36					
忍穂耳命	13	15	18	28	30	30	36	46	54	54	56								
天照大御神	22	24	27	37	39	39	45	55	63	63	65								
須佐之男命	11	20	22	25	35	37	43	53	63	63	63								
須勢理毘売				0	0	2	8	18			28								
大国主命								18	30		40			56					
事代主命											0			16	30				
伊須気余理比売 又は五十鈴姫命															0			25	
西暦	198	207	209	212	222	224	230	240	248	248	250	264	265	266	280	299	304	305	301
																甲寅	己未	庚申	辛酉

□ 内の値は想定年齢、西暦の太字は魏志倭人伝から導いた西暦です。大歳は日本書紀が記す干支です。

229

第2部　高倉山が明かす2つの東征

神武即位301年、の年齢シミュレーション結果、表21

　日本書紀は、神武の東征出発を45歳としていますが、やや高齢と考えて、古事記が東征に16年を要したと、紀に比べ10年早く35歳での出発を示唆しているので、この歳での出発としています。

　結果から見えてきたことは、次のとおりです。
1) 東征終了時点で豊受大神が60代の高齢となり、丹後国風土記の老夫婦の子となった記録と、年齢的に一致しません。
2) 晋国への最後の遣使265年から東征出発の間が30年間と開いてしまい、できごとのつながりが良くありません。

　国譲りが成ったので天孫降臨が行われたと記すのは、日向でのできごとを順に記すための、物語構成上の都合によると考えていました。邇邇藝命が誕生した頃に国譲りが始まり、事代主命が国譲りを了解できる年齢を考慮すると、天照大御神が亡くなったあとに国譲りは成されたと考えます。そこで東征が行われたと考えます。ただ、この結果では国譲りから神武の出発まで時間がかかりすぎているように思います。

　豊受大神が老夫婦の子になった記録から、この時30代の年齢と仮定しシミュレーションを再度行ってみます

　　卑弥呼（天照大御神）の死　　248年（豊受大神11歳）
　　台与（豊受大神の共立）　　　250年（13歳）
　　最後の遣使　　　　　　　　　265年（28歳）
　　倭国連合　　　　　　　　　　269年（32歳）
　　神武の日向出発　　　　　　　270年（33歳）
　　東征に6年を費やす　　　　　274年（37歳）
　　神武即位　　　　　　　　　　277年（40歳）

第4章　古代のシミュレーション

表22　豊受大神の年齢から神武即位年シミュレーション

	卑弥呼の共立	誓約	天の岩屋隠れ	邇邇芸命の誕生	天孫降臨	須勢理毘売の誕生	山幸彦の誕生	大国主命の結婚	事代主命の誕生	鵜茅草葺不合命誕生	神武天皇誕生	卑弥呼の死	国譲り	神武の后の誕生	最後の遣使	神武東征出発	神武東征終了	神武結婚	神武即位
神武天皇											0	3	11	15	20	25	30	31	32
鵜茅草葺不合命										0	4	7	15	19					
豊受大神												11	19	23	28	33	38	39	40
山幸彦					0			13	15	16	20	23	31		45				
邇邇芸命				0	12	13	16	29	31	32	36	39	47						
忍穂耳命			14	18	30	31	34	47											
天照大御神	13	19	20	24	36	37	40	53	55	56	60	63							
須佐之男命	11	17	18	22	34	35		51											
須勢理毘売						0		16	18										
大国主命								20	22				38	16	20			16	
事代主命									0						0				
伊須気余理比売又は五十鈴媛命														16					
西暦	198	204	205	209	221	222	225	238	240	241	245	248	256	260	265	270	275	276	277

▨ 内の値は想定年齢、西暦の太字は魏志倭人伝から導いた西暦です。

豊受大神の年齢から、神武即位年シミュレーション結果、表22

　このシミュレーションを行う場合は、鵜茅草葺不合命と神武兄弟は異母兄弟と考える必要があるようです。記紀に鵜茅草葺不合命の記事が少ないことから、異母兄弟とする説があります。神武兄弟に王が定まっていなかったように見受けるのも、育ての親の玉依姫が長兄の鵜茅草葺不合命を、立てていた結果と考えることができます。

　豊受大神の年齢からシミュレーションした結果、見えてきた内容は次のとおりです。

1) 出雲国譲りが終わるのは、天照大御神が亡くなられた後と思われます。
2) この時、山幸彦（彦火火出見命）は健在だったが、東征するには、子供達がまだ小さく機が熟していなかったのでしょう。
3) あるいは、魏使がまだ国内にいて、想定される国内の激動を知られたくなかったので、帰国を待ったのかも知れません。
4) 後を継いだ豊受大神は未だ若く、東征を決断できる年齢に達しておらず、30歳頃になって、魏が滅亡し晋が興る東アジアの情勢を知り東征を決断したのでしょう。

　2度目のシミュレーションでは、265年最後の遣使後、間を置かず倭国連合して、神武は日向から出発したことになります。神武は豊受大神より若かったと推定されました。豊受大神40歳の277年頃に神武即位があったとシミュレーションしました。豊受大神の年齢から推測すると、誤差は数年以内と考えます。

第4章　古代のシミュレーション

見えてきた豊受大神、東遷の流れ

　神武東征における豊受大神の足跡が、高倉山に託されていて、その内容が少し見えてきました。時系列にまとめてみます。

1) 新しい国づくりを始めた天照大御神ですが、国譲りが長引き実現を見ず、魏使来倭の中で亡くなりました。
2) 男王が立つが、正統性なく国乱れたため13歳の宗女・豊受大神（台与）が立てられ、国は治まりました。
3) その後、魏が晋に代わるなど大陸の変化を知り、倭国を守る重要性を知ります。
4) ようやく出雲の国譲りがなり、豊受大神は魏使を送り届け、晋へも遣いを送り、新しい国づくりへの環境を整えました。
5) そこへ日向の都萬国から神武兄弟達がやってきて、大八州の中央に新しい都を造ることを建議しました。
6) 天照大御神が日嗣とした大王の御子達の建議を、何日も話し合いました。そして、倭国連合で東征し高天原を遷すことを決めました。
7) 目的地を「ひのもとの大倭」とすること、新しい国づくりを記録すること、東征のための食糧の補給など、あらゆることが話し合われました。
8) 神武は東征の準備や、先祖に東征が決まったことを報告するために、熊本、人吉、薩摩半島を経て都萬国に戻ります。
9) この熊本平野の南下で、狗奴国と戦いになり勝利しました。戦いの主戦力はいち早く参加した、佐賀平野の人達でした。
10) 参加した人は家族との別れに家の鏡を割り、絆の証しに持参しました。今の時代に失くした破鏡が見つかります。
11) 狗奴国に勝利した部隊は、阿蘇周辺で鉄武器の補充を行い、

233

第2部　高倉山が明かす2つの東征

　　　豊後大野市付近で、日向からの神武の陸上隊に合流しました。
12) これに先立ち、日向に戻った神武は、日向・大隅で兵を募り、西都原を出発しました。美々津から船隊が船出し、陸上隊は豊後大野市に進みます。
13) 豊受大神は、東征隊を見送ると高天原遷都の準備をします。遺すべきものとてなく、永遠なのは大地に刻んだ山名のみでした。
14) そして東征の報告と加護を願うため、南九州へ旅に出ました。高塚山を残した部隊がサポートし、まず西都に向かいます。
15) 薩摩半島の邇邇藝命の足跡、大隅半島の鵜茅草葺不合命の足跡などを訪ねます。
16) いよいよ神武東征の後を追う旅になります。岡水門、船尾山を経て本州に渡ります。
17) 山口から一旦、日本海側に向かいます。ここは、目指す「ひのもとの大倭」の西の尾にあたるので、大倭の安寧を祈ります。
18) 吉備で神武隊に追いつき、東征を励ましているかも知れません。
19) 豊受大神は吉備を流れる高梁川、旭川、千種川の安寧を祈りました。旭川河口の内宮で天照大御神に奉じました。
20) 東征の部隊は芦屋の鷹尾山の麓に集結し、難波の渡を経て白肩津に上陸します。しかし孔舎衛坂の戦いで負け、熊野迂回を行います。
21) 豊受大神は危険な河内を避けて、神戸の垂水から淡路島に渡り戦況を見守ります。伊弉諾命に加護を祈ります。

第 4 章　古代のシミュレーション

22) 戦いの中で五瀬命が亡くなる報を受け、泉南に上陸し、「男神社」「竃山」で弔いました。
23) 船尾山の西の浜宮で、天照大御神に奉じている中、熊野で船が遭難し稲飯命、三毛入野命が亡くなる報が届きました。
24) 兄弟で残るは若御毛沼命（神武）のみです。神武が女賊の毒気に萎えている知らせを受け、高倉下に神剣を託し勇気づけすることにしました。
25) 天照大御神の名のもとに遣わした八咫烏の案内で、熊野越えを果たした神武は、宇陀に到りました。いよいよ決戦です。
26) 浜宮から吉野川を遡った豊受大神は、高倉下の案内により宇陀の高倉山で神武に再会します。ここで東征後の国を託し、神武を大王に任じます。
27) 豊受大神は東征なった、「ひのもとの大倭」に入ります。そして、国づくりの加護を願った神々の御魂に、新しい国を見せ、また感謝の報告を行いました。
28) 新しい高天原を見た豊受大神は、東征終点の宇治に向かいました。橿原宮の真北にあたる伏見の稲荷山で高天原の安寧を祈りました。
29) その後、摂津国の稲倉山で、天照大御神に御饌を献じていましたが、きっぱり身を引くため丹波に向かうことにしました。
30) 老夫婦のもとに身を寄せる境遇のなか、久次岳で天照大御神に御饌を献じていました。
31) しかし、遂に老夫婦のもとも追われ丹波を漂泊することになりました。丹波に残る東征の足跡を訪ね巡る旅でした。
32) 今、豊受大神の陵については、有無さえ分かりません。500 年も後、伊勢神宮の外宮に祀られました。

第2部　高倉山が明かす2つの東征

日本建国のフロー

　これまでの調査・検討結果から見えてきた日本建国の過程を図にしてみました。

　このフローは記紀が記す建国の過程に、魏志倭人伝の情報を加えたものです。記紀は伊邪那岐命と伊邪那美命が淡路島・四国、などを認識する、国生みがスタートであることを記しています。2人は、神々の命により船で東に進みます。その中で誕生した天照大御神は成長の上で、父母による国生みという名の開拓に、大きな影響を受けたと思います。

　邇邇藝命に始まる日向の大王達は、くんちと呼ばれる「お上り」「お下り」や水行10日の航路で、絶えず伊都国や邪馬台国の高天原と行き来していました。末裔の神武兄弟は、高天原に出向き豊受大神と話し合い東征を決めました。

　天照大御神が描いた建国は、神武兄弟や豊受大神によって「ひのもとの大倭」として実現します。さらに日本武尊が東国を隈なく巡る東征を行って、最後に「日本国」の号を得ます。

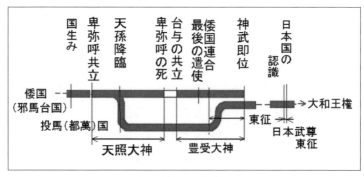

図17　日本建国のフロー

第5章　東国の高倉山

「くつがえらない国をつくろう」との、神々による決意は邇邇藝命の天孫降臨に始まり、人々の心が一つになった東征で成し遂げられました。

日本武尊出動

　しかし神武東征は西日本を言向けし、都を大八州の中央に定めたに過ぎません。建国の心を受け継ぎ日本武尊は、東国へ出発しました。「たかとり山」のベクトル（矢印）で、2つの東征が記録されていたことを述べました。（地図1参照）
　日本武尊東征は神武東征に続く一連の、日本建国の事業と認識していたのです。古代の建国の様子がこのようにして残ることは、奇跡としかいいようがありません。
　記紀は東国東征の経路を簡略に記すのみです。地名も定かでない時代のことなので、やむを得なかったかも知れません。驚くのは、たかとり山のベクトルや、○尾山の足跡を追うと副将軍達と力を合わせ、隈なく東国を巡っていたことです。
　まとめた足跡の経路を地図60に載せました。多くの足跡が、富士山に向いていて、日本武尊の富士山に寄せる思いが見えてきます。そして富士山こそ日本の中心と考えて、はじめて「日本国」国名の認識を得てそれを残したのです。
　鶴岡市にある日本国の山から、日本平山を経て富士山にいたる直線を残しました。そしてその中間にある武尊山に登って、その認識が日本武尊だったことを残していたのです。

第2部　高倉山が明かす2つの東征

地図60　日本武尊東征の経路のまとめ（改訂2）

日本国の国名の始まりに、いろいろな説が出ていましたが、このような形でその始まりを残した日本武尊の行動力に、感動すると同時に感謝したいと考えます。少年時代に九州の西の果てまでを旅し、そして東日本を隈なく巡り終えた時点の認識に、古代ロマン以上のものを感じます。

　幼名を小碓命(おうす)と呼んだ日本武尊は16歳のとき、九州の熊襲討伐に向かい、神武が進んできた東征の道や西国を旅しました。父景行天皇が熊襲討伐した後を同じように進んでいるので、小碓命に神武東征の実態や、西国の情勢を勉強させたのでしょう。また戦いの訓練でもあったのでしょう。

　27歳になった小碓命は名を、倭建(やまとたける)と名乗っていました。景行天皇は倭建命の成長を見て、かねてより考えてきた東国遠征を倭建命に託しました。冬も近い10月、2ヶ月ばかりの準備であわただしく出発しました。途中、倭媛命(やまとひめ)に別れを述べるため伊勢を訪ねています。倭媛命は倭建命に、伊勢神宮に鎮座して間もない三種神器のうち、草薙剣を渡し油断のないようにと、励ましました。

倭媛命

　倭媛命は天照大御神の鎮座地を求める巡歴を、豊鋤入姫命から引き継いでいます。豊鋤入姫命は天照大御神の御魂を求める旅でしたが、倭媛命は鎮座地を探す旅でした。この時、巡った先も元伊勢と呼ばれています。この元伊勢の候補地を結んでみると、おおよその経路が見えてきます。地図61です。

　経路にある御杖神社の御杖とは、天照大御神の御杖代となった倭媛命を表しています。伊賀、甲賀、米原付近の宇賀野と進み関ヶ原を越えて美濃、尾張に入ります。桑名、亀山、松阪と時計回り

第2部　高倉山が明かす2つの東征

に進んで、伊勢の五十鈴川のほとりに鎮座地を見つけました。崇神天皇時代から始まる、ほぼ90年におよぶ大事業だったのです。

女性が巡歴できたことから、この時代すでに大倭国の勢力が美濃・尾張にまで及んでいたことが分かります。驚いたのは元伊勢の候補神社に、猿田彦大神を祀る「阿射加神社」が含まれていたことです。猿田彦大

地図61　倭媛命の巡歴経路

神が亡くなられたところが、古事記に「阿邪訶」と記しているので、阿射加神社がある阿坂の地を水難の地とする説があります。この説の元は、江戸時代に記された『神名帳考証』が出所のようです。

この阿坂について、別な古書では巡歴を阻む荒神（こうじん）がいるので、倭媛命が猿田彦大神を祀らせたとあります。この時の創祀であることが分かります。阿坂や「阿射加神社」の名前も、猿田彦の故事を良く知っていた倭媛命が名づけたと考えます。

大田命

「猿田彦大神は伊勢の人」説にはもう一つ根拠があるようです。倭媛命の巡歴を記した「倭姫命世記」の古書の内容です。巡歴の途中、伊勢に至ったとき猿田彦大神の子孫の大田命が、五十鈴川

の川上一帯を献上し、そこを天照大御神の鎮座地と定めたと記していることです。このあたりの大地主だった大田命だから、先祖の猿田彦大神の出自はやはり伊勢だったとする根拠です。

　この場合、腑に落ちないのは、猿田彦大神が天孫降臨の旅から伊勢に戻り、その子が、ここで大きくなったのならば、大神を伊勢に送っていった、妻の天宇受売命は我が子を置いて、九州の高天原に戻ったことになるからです。大田命は天宇受売命が高天原に戻った後の、後妻の子孫なのでしょうか。

「倭姫命世記」をよく読むと、倭媛命巡歴の途中に国造や県造の祖と呼ばれる多くの命達が神田、神戸、麻園などを倭媛命に提供していることが分かります。この行為により後に、県造や命の称号をもらったかも知れません。この人達は西から東征とともにやってきて、大和を越えて伊賀、伊勢、近江、美濃、尾張と先に進んで土地を拓き、住み着いた人達だと推測します。尾張の地名由来も、鳥の尾を意識した東征隊の人達が、張り出した意味が含まれているかも知れません。

　神武が宇陀にいたとき、東の国の言向けを指示していたことが分かりました。風土記伊勢国逸文「伊勢国号」の項です。神武は天日別命に「天津の方に国あり。その国を平けよ」と詔りたまひて標の剣を与え遣し、伊勢の伊勢津彦に国譲りを迫った記録です。

　瀬戸内海の大三島にある大山祇神社を訪ねたとき、木花之佐久夜比売の父、大山祇神の子孫・乎千命が神社を勧請したとありました。神々の子孫は世代を経て、東征に参加し活躍していたことが分かります。東征が終わってから100年も過ぎており、大田命の先祖も東征に参加した後、伊勢に至っていたのかも知れません。

第2部　高倉山が明かす2つの東征

[17] 高倉山（117m）　三重県伊勢市常盤町

　この高倉山は伊勢神宮・外宮の境内にある山です。外宮は日本武尊東征より約100年後の、21代雄略天皇時代に豊受大神を祀ったのが始めです。丹後より豊受大神を遷すとき、すでに高倉山があったので、この地が選ばれたものと考えます。

　日本武尊が東征の途次、伊勢に倭媛命を訪ねた際、倭媛命から先の神武東征で豊受大神が高倉山を、各地に残し祈ってきたことを聞き、この東征の最初の地に2人が高倉山を名づけたと考えました。この後、多くの高倉山が東国にも名づけられるきっかけとなったのでしょう。

東国の高倉山分布

　東国の高倉山を地図に拾ってみました。高塚山と高城山も追加しています。北陸のいくつかの高倉山を除くと、毛野国にあたる群馬県・栃木県と常陸国にあたる茨城県より北に分布していることが分かります。ここは当時、倭人がほとんど住まない蝦夷と呼ばれた人の領域だったのでしょう。

　境に近い南相馬市の日祭神社には、日本武尊が神と人（大和政権と蝦夷）の境のここに大甕(おおみか)を埋め平定祈願をしたとの伝えが残ります。

地図62　東国の高倉山

第5章　東国の高倉山

　高塚山や高城山を見ると、対に見えるところがいくつかあります。

　これらの山々と日本武尊東征の関係を、前書『たかとりが明かす日本建国』に述べた経路を、たどりながら検証したいと思います。調査経路の詳細は前書をお読みください。ここでは参考に経路概略を記しておきます。

【東海の経路概略1】

　纏向を出発した東征隊は初瀬街道を進み、伊賀神戸に至ると精鋭の一部は本隊と分かれ伊勢神宮に詣でます。その後、亀山で本隊と合流し、多度に向かいます。ここから長良川・木曽

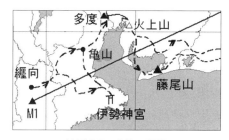

地図63　東海の経路

川を船で渡り、尾張では尾張氏の建稲種(たけいなだね)が船隊とともに副将軍として参加しています。

　日本武尊はこの時、妹の美夜受比売と婚約しました。その後、日本武尊は船で渥美半島に渡り、ここで富士山を見て藤尾山を名づけています。この時、富士山は藤山と呼ばれていたのでしょう。本隊は陸上を岡崎・豊川・新城と進み遠江国に入ります。

遠江国一宮小国神社

　遠江国では地図64のように南西に向かって、高塚山が3山並んでいます。3山をどのように結んでも何も見つかりません。しかし3山も並ぶので、必ず何かを託していると考えました。見つ

かったのは遠江一宮小国神社です。
適当な山が見つからず②高塚山と③
高塚山の間を結ぶ必要があったので
す。

地図64　小国神社

　まず小国神社が創祀され、指し示
す適当な山が見つからず、このよう
な工夫をしたのでしょうか。この角
度でなければならない特別な意味があるのでしょうか。①高塚山
は30kmも離れた大変な山奥です。訪ねるとこの山が見えるとこ
ろに集落がありました。この時名づけた山名が残っていても不思
議ではありません。大巳貴命を祀る小国神社は、遠江国の平安を
祈っているのでしょう。

【東海の経路概略2】

　東征隊はこのあと、焼津
で国造に謀られ火に囲ま
れます。倭媛命からもらっ
た草薙剣で周りの草をな
ぎ払い、火打ち石で迎え火
を放ち難を逃れました。
その場所が大尾山と神尾

地図65　焼津の火難

山で指し示していて、大いなる神の力と考えたのでしょう。その
後、相模の海老名では副将軍吉備武彦を越国へ、大伴武日は東国
で再会を約束して武蔵国を経て北上させています。

第5章　東国の高倉山

東海の破鏡

東海で見つかった破鏡と三角縁神獣鏡を地図に拾ってみました。

東国では三角縁神獣鏡の鏡片も出土していて、日本武尊東征ではこの鏡も持参していたと考えます。この後も東征経路に破鏡が良く見つかります。多く見つかる地点は戦いなど活動が激しかったところなのでしょう。静岡付近の集中は、焼津で謀られた国造を掃討する戦いがあったと考えると、草薙神社が焼津付近でなく静岡市東部にあることも納得できます。

地図66　東海経路の破鏡と三角

【吉備武彦の経路概略1】

吉備武彦が越国を巡った経路は、高尾山に記録されていました。横浜インターC近くの高尾山をスタートにして八王子から甲斐を経て一旦、諏訪の杖突峠を越えて高遠に南下します。そして高雄山の二対のベクトルで示すように、伊那谷から千曲を経て長野、長岡と進みます。

地図67　越国経路の高尾山

越後湯沢付近の高倉山

吉備武彦は越後湯沢付近に4つの高倉山を残しました。

[18] 高倉山（ 851m）長野県下高井郡野沢温泉村
[19] 高倉山（1326m）長野県下水内郡栄村堺
[20] 高倉山（1144m）新潟県南魚沼市清水瀬
[21] 高倉山（ 930m）新潟県魚沼市大栃山

　長野盆地から越後に向かうには千曲川沿いに進みます。千曲川が信濃川に名を変えるあたりに、[18]高倉山を残しています。この先は倭人の住まない蝦夷の国と考えたのでしょうか。それとも、信濃川の安寧を祈ったのでしょうか。

　ところがもう1つ、津南町から秋山郷に入る谷を10数kmも進んだ山中にも、[19]高倉山がありました。深い谷の反対側に立って初めて確認できました。

　また、形の良い八海山の麓の高台に立つと、[20]高倉山が確認できました。[21]高倉山は魚沼市から奥只見湖に向かうシルバーラインの急坂トンネルを抜けて進みましたが、全く確認できませんでした。

写真142　[19]高倉山

　別個に意味を探したので謎解きできなかったようです。二対の配置と考えて地図で結んで延長すると、群馬に抜ける三国峠入り口にある八木尾山に続いていました。1つは八海山の真上を通過させていて、同じ八つながりの八木尾山に関係付けてい

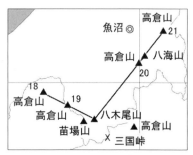

地図68　三国峠の高倉山

第5章　東国の高倉山

たのです。これもまた古代人の工夫なのでしょう。この三国峠越えの道が大事な道であることを、認識していたことが分かります。

この時、峠道の開削は行われたのでしょうか。峠を越えることはできたのでしょうか。1人通れる道が拓かれるだけでも、交通は大きく変わります。鉄の道具があればそれも可能だったと思います。後に日本武尊が武尊山に登った際、近くの谷川岳近くに高倉山を残しているので、すれ違いがあったかも知れません。

付近には倉の付く山が幾つも見つかります。黒倉山と赤倉山が苗場山を指し挟んでいます。苗場山は山頂部の湿原がその名の由来とのことです。豊受大神が稲作した丹波の「月の輪田」が田の庭と呼ばれ丹波に、鳥取の稲場が因幡の国名になった故事によってここに苗場山と名付けたのかも知れません。そして、この麓が「こしひかり」の名の有数なお米の産地となったことがうれしい。

【吉備武彦の経路概略 2】

海を越えて佐渡に渡っていたのは吉備武彦と考え、前に発行した『たかとりが明かす日本建国』にそう記しました。ところが今回の○倉山を訪ねる旅で、それが日本武尊隊だったことが見えてきました。吉備隊では佐渡に渡る船を準備することが困難です。一方、日本武尊隊には支援の船隊がついていて、佐渡への渡海も可能です。調査結果は日本武尊の帰還経路で報告します。

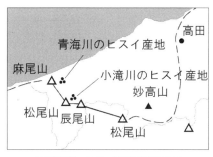

地図 69　ヒスイ山地の○尾山

第2部　高倉山が明かす2つの東征

　弥彦付近まで進んだ吉備武彦は折り返して、妙高を越え糸魚川のヒスイの産地を巡っていました。この産地の発見は昭和になってからですが、古代人がすでに発見して産地に辰尾山・松尾山・麻尾山を残していたのです。その後、立山から有峰林道の尾根道を飛騨に向かいます。一旦、美濃で冬を越して翌年、白鳥町、白川村を経て富山平野に戻り能登に向かいます。

　その白鳥町付近の経路を2つの芦倉山で記録していました。

縄文真脇遺跡
[22] 高倉山（102m）石川県珠洲郡能登町真脇

　富山湾の北端、能登半島の能登町にある[22] 高倉山を訪ねました。七尾市から70kmも延々と海沿いの道を、富山湾を見ながら進みます。富山湾の安寧を祈る立派な富士山のような形の山を想像していましたが、次々現れる海沿いの山々と見分けがつきません。小さな入り江を囲むように町があり、その町外れの高倉山をナビで確認しました。なぜこの山が高倉山なのか全く分かりません。

　町の人にお聞きしてもあまり関心がないようで、話はイルカのことになりました。この入り江で古代人がイルカ漁をしていて、その骨が大量に出てきたとのことです。町並み後背地の田んぼの下からの出土で、今も発掘していて展示館もできたと教えてくれました。高倉山のことは置いて遺跡を訪ねることにしまし

写真143　能登町の高倉山

た。廃線となった駅舎跡に立つと広い遺跡広場が見え、山際に展示館が見えます。

　縄文時代の前期初頭（約6000年前）から晩期終末（約2000年前）までの遺跡で、4000年におよぶ繁栄の遺跡は他に類例を見ないとのことです。

　ここであっと驚いたことがあります。展示館のたくさんのイルカの骨や縄文土器を見学して、ロビーのガラス窓から外をみると、遺跡の広場の向こうに高倉山を見つけたのです。そう、高倉山はこの遺跡に住む人達と会ったときの名づけだったのです。東征隊はここで縄文人と会話していたのです。感動の一瞬でした。

高倉神社

　遺跡のある真脇の町を散策していると、高倉神社が見つかりました。高倉山や高倉神社の由来を、高倉天皇に結びつけられることがあります。そこで主な高倉神社について、祭神を調べてみました。表23です。

　祭神・高倉宮以仁王（もちひとおう）の神社が3社ありました。高倉天皇と高倉宮以仁王は平安時代末期、後白河天皇の子で、兄弟です。高倉天皇の子、安徳天皇は平家滅亡時に壇ノ浦に身を沈めています。高倉宮以仁王は源氏挙兵の糸口となった、平氏追討を計画しましたが、戦いで敗れています。その後、東国に逃れた説が巷に流れます。南会津の大内宿近くの高倉神社はその足跡かも知れません。訪ねると石垣が残っていて戦いの意思が見えました。ただ、全国に高倉山を残せる力はなかったと思います。

　能登町真脇の高倉神社由緒は崇神天皇時代に創祀とありましたから、やはり真脇遺跡に住む人達の安寧を祈ったものと考えます。

第2部　高倉山が明かす2つの東征

表23　全国の主な高倉神社

No	神社名	所在地	祭神
1	高倉神社	福岡県遠賀郡岡垣町高倉	天照大御神、他
2	高倉神社	岡山県津山市下高倉西	伊弉諾尊、他
3	高倉神社	岡山県：本宮高倉山	高倉児尊
4	高倉神社	京都府舞鶴市長浜	天児屋根命
5	高倉神社	京都府綾部市高倉町	高倉宮以仁王
6	高倉神社	京都府木津川市山城町	高倉宮以仁王
7	高倉神社	和歌山県新宮市高田	高倉下命
8	高倉神社	三重県伊賀市西高倉	高倉下命、他
9	高倉神社	福島県南会津郡下郷町	高倉宮以仁王
10	高倉神社	石川県鳳珠郡能登町真脇	素盞鳴命、高倉彦神

福浦港

能登半島に一対の〇倉山と一対の高塚山が見つかりました。真脇遺跡の高倉山と区別するために名を変えたのでしょう。〇倉山は曽々木海岸を意識しています。俎倉山(まないたくら)は灌漑稲作の水を得るに適した山でした。

羽咋市の［33］高塚山は近くの牧場より僅か60mほど小高くなったところで地元の人に尋ねても確定困難でした。東征隊も近

地図70　能登の高塚山

第5章　東国の高倉山

辺をさんざん探したが方向性を維持するために、ここしかなかったのでしょう。それだけ、2つの高塚山が指し示す場所は正確であることになります。

遠江の高塚のように一宮との関係を探すと、能登一宮・気多大社の真北が牧場の［33］高塚山でした。門前町にある［34］高塚山は富士山のような形の良い山です。2つは能登金剛と呼ばれる断崖近くを指し示していますが、正確に地図で追うと旧富来町の福浦港でした。

ここにも縄文時代から古墳時代の遺跡があります。福浦港は元、福良津と呼ばれ能登半島、外浦屈指の良い港だったとのことです。遣唐使が出航し、渤海国の客院もあったとのことで驚きます。東征隊はこの良港を重視していたことが分かります。

【吉備武彦の経路概略3】

吉備武彦は能登半島から加賀に向かいます。加賀では白山に登っていました。新岩間温泉付近から登り白峰に下りています。この経路が松尾山や指尾山で記録されていたのです。さらに、七倉山と大倉山で山頂部を指し挟んでいる

地図71　白山の〇倉山

ことが分かりました。越国随一の白山に登り越国の安寧を祈ったのでしょう。

第2部　高倉山が明かす2つの東征

北陸の破鏡

北陸で見つかった破鏡を地図に拾いました。調べてきた吉備武彦の東征経路と良く一致しているように見えます。

集落だけでなく古墳からも出土しています。古墳からの破鏡の出土は、土地の有力者に渡した鏡でなく、東征行軍の中での戦死や事故あるいは、東征兵の残置があって、土

地図72　北陸の破鏡

地の有力者になった後、墳墓に副葬されたことなどを想像します。破鏡が副葬された兵は家族との再会を果たせなかったのかも知れません。東征は山々に入る過酷のみならず、人生をも大きく変える過酷があったのでしょう。

白峰から大野への高倉山

石川県と福井県さらに岐阜県との県境に3つの高倉山があります。

[23] **高倉山**（922m）石川県白山市木滑

[24] **高倉山**（973m）福井県勝山市北谷町小原

[25] **高倉山**（1246m）福井県大野市持穴

吉備武彦隊が白山に向かう手取川を遡った道の曲がり角に、[23] 高倉山はありました。ここを曲がり新岩間温泉から先に進むと岐阜の白川郷に達する白山スーパー林道です。曲がらずに手取川をさらに遡り白峰を経て、福井県側の勝山に出ることができます。

[24] 高倉山は白峰から勝山に向かう道路が、大きな谷を渡

第5章　東国の高倉山

その傍にありました。ここが重要な渡河地点であることを知っていたのでしょう。

［25］高倉山は大野市から九頭竜川を遡り岐阜県の白鳥に向かう道の横で、今は九頭竜湖ができていてその傍らにありました。白山を取り囲むように高倉山があり、白峰、石徹白、白鳥、白川と白が付く地名があ

地図73　白山付近の高倉山

ります。皆、白を「しろ」と呼ぶところが、白山の白（はく）と区別した意識が見えます。

【吉備武彦の経路概略4】

吉備武彦は越前で近江に通じる栃ノ木峠の開削を行います。松尾山と焼尾山でその峠道の入り口を指し示し、さらに今庄駅前に鍋倉山・藤倉山を添えていました。その後、大野から美濃に出て翌年、日本武尊と合流しています。

【大伴武日の経路概略1】

吉備武彦と同様に神奈川県海老名で本隊と分かれた大伴武日は多摩川沿いに北上します。御

地図74　大伴武日の経路

第2部　高倉山が明かす2つの東征

岳山に登り今度は荒川沿いに北上し、深谷市本田の鹿島古墳群が残る付近で川を渡ったと考えました。ここから大宮台地を南下します。大宮から岩槻台地を北上し、日光を経て福島に進みます。その後南下していわきに向かいました。いわきから陸前浜街道を北上します。

　柴田町付近で越冬の準備をして、日本武尊の本隊が東北から南下してくるのを待ちます。

日光への道

　日光の男体山の山頂に残る祭祀遺跡は、この東征隊が登った際の祭祀と考えていました。その道は、鹿沼から粕尾峠を越えて、足尾に進んだ道と推理していましたが今回、〇倉山の足跡を発見してその考えが補強されました。

　鹿沼市の大倉山をスタートに、粕尾峠に続く道沿いに〇倉山を残しています。谷倉山を2つ並べてこの道だと強調しています。

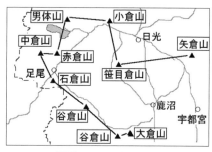
地図75　日光への道

地図76　中山峠

高塚山（816m）　福島県郡山市熱海町安子島

　この高塚山は大伴武日隊が福島に進んだ際の足跡と思われま

す。高塚山と鎌倉山の2山で中山峠を挟み示しています。ここの峠の何が特別なのか、ずいぶん後に分かりました。中央分水界だったのです。列島の中心より東に振れていますが、この峠より西に降った雨は日本海に注ぐのです。単に東征の旅を続けたのみでは発見できない事柄です。この鎌倉山と高塚山の関係を知り、始めて○倉山と高倉山は無関係でないことが見えたのです。

高塚山（1066m）　福島県双葉郡川内村上川内

写真144の中央の山は大滝根山です。この右麓の山が高塚山です。大滝根山は「あぶくま洞」がある山です。洞は20世紀に入っての発見で、当時は知られていないのでしょうが、付近の白い石灰石の山肌や地形は特別であることを東征隊は認識していたことが分かります。

写真144　高塚山

地図77　浜通りの○倉山

[26] **高倉山**（164m）　福島県いわき市常磐湯本町

[27] **高倉山**（295m）　福島県いわき市四倉町八茎

この2つの高倉山は対で福島から南下してきた東征隊が、いわきで折り返し、陸前浜街道を北進した足跡と考えていました。それが、2つの手倉山など

第2部　高倉山が明かす2つの東征

〇倉山と結ばれていることが分かりました。南下の道と浜街道北進の道を分けた記録に見えます。葛尾村の手倉山を訪ねてみると福島第一原発の北西 18km にあって、帰宅困難区域に指定されていて、撮影はできませんでした。多くの作業員が山や田畑で除染作業を行っていました。果てしない作業ながら、何としても美しい日本の風景を取り戻してほしいと願うばかりです。

【日本武尊隊の経路概略1】
　海老名で吉備武彦、大伴武日と分かれた日本武尊隊は、三浦半島に進み走水の港から船で房総半島に渡ります。渡海の最中、突然の嵐に見舞われて妃の弟橘媛は何としても、日本武尊の渡海を成功させるべく、海に身を投げて神に祈りました。祈りは天に通じ、風に流されながらも木更津の浜に上陸することができました。しかし日本武尊にとっては痛恨のできごとで、この先、弟橘媛の面影に声をかける旅となるのです。
　房総に渡った日本武尊は半島を北上し、常陸に向かいます。

高塚山（216m）千葉県南房総市千倉町大川

高塚山（120m）千葉県夷隅郡大多喜町大戸

　房総半島には、高塚山ほか大塚山など塚の名の山が多く見つかります。この2つの高塚山を結ぶと清澄山（きよすみやま）が見つかりました。地図を拡大していくと清澄山が妙見

地図78　房総の高塚山

第5章　東国の高倉山

山に名を変えます。
　そこで調べると山頂部が妙見山で、200mほど離れて12m低い頂部が清澄山でした。日蓮宗大本山の清澄寺があります。ここが房総半島の分水界で、雨水を内房と外房に別ける地点だったのです。また、本州では富士山頂を除いて日の出が最も早く見える地点でもあるとのことです。この2つの高塚山が清澄山の何を指し示したのかは分かりませんが、地形や太陽の動きを観察しながらの東征であることが分かります。

【日本武尊隊の経路概略2】
　いわきや陸前浜街道の言向けを大伴武日隊に任せて、日本武尊は常陸の久慈から船で北上し、多賀城も近い七ケ浜に上陸します。大きな鏡をかざした船団に驚いた、国津神や島津神と呼ぶ蝦夷の人達が、東征隊に参加します。そして、さらに船で三陸沖を北上し、上陸した場所に常陸と同じ久慈の地名を残しています。
　常陸の久慈は、日本武尊が小さな丘を、形が鯨に似ていた由来で名づけた地名です。北東北の陸に下りた日本武尊隊は八戸、六戸、七戸と北上し陸奥湾を望む丘の上に立ちます。折り返しのこの場所にどんな思いを残したのでしょう。

日本中央の碑
　「日本中央（ひのもとまなか）」と刻まれた碑が、東北町の石文村で昭和24年に見つかりました。「つぼの石文」と呼ばれ、平安の都でうわさになった碑です。その後埋められたとのことで、明治天皇が石文村近くの千曳（ちびき）神社の回りを掘らせたが見つからなかった碑です。
　日本武尊が東征の途次、陸奥湾の見える石坂の峠に建てたと、

257

第2部　高倉山が明かす2つの東征

考えていたので、その石坂に立つことが高倉山を訪ねる旅の中で一番の楽しみでした。石坂の峠に立つと、峠道の僅かな場所で陸奥湾が見えました。まるで奇跡のようで日本武尊と同じ風景を見た思いの、感激に浸りました。

驚いたのは、この近くの丘の上に明治天皇も立たれていたことでした。維新が成って間もない明治9年、東北巡幸の折、岩倉具視・木戸孝允・

写真145　日本中央碑

大久保利通・大隈重信など総勢148名がこの丘に立っていたのです。やはり碑が石坂にあったと考えた明治天皇は、これからの国づくりに、碑を残した人の心を知ってもらいたかったのでしょう。

千曳神社を訪ねました。写真146の山の中にありました。また一つ驚いたのは、この小さな山の名が「尾山頭(おやまかしら)」だったことです。東征隊は多くの○尾山を残してきました。そしてこの北の果ての折り返し地点に「尾山の頭」と名付けたのでしょう。この千曳神社が碑を曳いたと思われる千曳の村から3kmも離れていたので不思議に思っていました。神社は、この尾山頭の山中に祠があったか、尾山の由来について知っていた人が建

写真146　尾山頭

258

立したのでしょう。

　千曳神社は由緒によると807年、坂上田村麻呂により創祀とあります。さらに矢尻で碑に「日本中央」と刻んだのも田村麻呂とする説があります。千曳神社はその名前から、碑を大勢で曳いて石文村に埋めたときの名づ

写真147　碑発見の谷

けで、田村麻呂が自分で石文を建てた後に、それを埋めることは考えられません。

　しかも、田村麻呂はこの地にはきていないとのことです。坂上田村麻呂に打ち首の直前、命を助けられた人がいます。文室綿麻呂で征夷将軍として、ここにやってきており、この時に石文を発見し、千人曳きがあったと考えます。平安の都でこの石文の歌が盛んに歌われたのは、このとき石文を発見したためと思います。

　では田村麻呂が建立したとすると、命の恩人でまだ生存している人の石文を取り除き、埋めるなども考えられません。日本武尊東征はこれより400年も昔のことで、誰が建てたか不明だったので都で話題になったのでしょう。富士山を「ひのもと中央」と考えていた日本武尊ならば、この4文字の刻みも納得できます。

　めずらしく車中で作歌しました。
　　野辺路に「日本中央」刻みし人の　深き心と遥かな想い
　　石坂の　丘に登りし天皇は　石文建ちし　いにしえ想う
　　北の海　遥かに望む石坂に　日本武は石文遺しや
　　石文を　人々曳きて埋めしとか　深き心かよくぞ残せし
　　〇尾山　謎を訪ねて旅来れば　尾山頭に千曳の社

第2部　高倉山が明かす2つの東征

[28] 高倉山（205m）青森県むつ市川内町

　下北半島に高倉山を見つけて、東征隊がこの北の果てまできていたことに驚きます。この先仏ケ浦付近に崑倉山（がんくら）が見つかるので、下北半島を横断して津軽半島に渡ったのでしょう。この隊は八戸付近で日本武尊隊と分かれ、船で津軽方面に向かう途中、下北に上陸した副将軍、穂積忍山宿禰と考えました。日本武尊の妃、弟橘媛の父です。
　川内町の対岸、平内町の松倉山を訪ねたとき、この高倉山と対であることを発見しました。さらに結んだ、その先は岩手山でした。村人にお聞きして訪ねた松倉山は山頂がとんがり、下北半島の高倉山と烽火か鏡などにより、通信していたことが想像できます。カシミール3Dで確認すると、この山頂から50km近くはなれた、高倉山が見通せることが分かりました。行程的に穂積忍山宿禰隊が先にやってきたと思われて、船で陸奥湾を渡り、このとんがり山、松倉山を発見したのでしょう。同じ「○内町」の地名からもそう考えます。

東征隊は北海道に渡ったか

　穂積忍山宿禰が下北半島から津軽半島に渡ったように、陸奥湾出口の海峡をフエリーで渡ってみました。船上から海峡の向こうに北海道の松前半島の山々がはっきりと見えます。この目の前の山々を見て、東征隊が無視するとは考えられません。船隊は十三湖から岩木川を遡り穂積隊を下します。その後、男鹿半島に進み越冬し翌年、村上市の岩船の海岸から佐渡への渡海をサポートします。
　その後、陸上隊と分かれて関東での支援のため、津軽海峡回りで引き返したと考えています。北海道を探索するならば、この帰

還の時と思われます。日本武尊が会津を経て筑波に至るまでには十分な時間があります。

北海道の○倉山を地図79にプロットしてみました。札幌より南西の半島部に多く見つかります。気になる十勝平野の佐倉山は開拓した佐倉藩が由来でした。松倉山が3山も集中していま

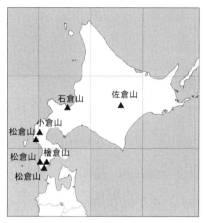

地図79　北海道の○倉山

す。龍飛崎から松前半島に渡り西岸を北上し石狩川河口付近まで進んだ足跡に読み取れます。その石狩川を20km余り逆上った江別に古墳群のあることを最近知りました。時代はこの時代のものではなく7〜9世紀とのことです。松前半島の江差には、天ノ川が見つかります。東征隊が北海道に渡っておれば、素晴らしいことなのだが、これだけでは決定力不足かも知れません。いつか破鏡か鉄刀などの遺物が出ることを期待したいと思います。

【穂積忍山宿禰隊の経路概略1】

穂積忍山宿禰隊は、岩木川の穂積の地名が残る付近で下船したのでしょう。そして津軽平野から青森に向かいます。三内丸山の縄文人はすでにこの時は居らず、近くの高田付近で潅漑稲作を伝えたと思います。当時、東北に弥生時代はなく続縄文文化と呼ばれる時代でした。この東征が鉄を伝え、続縄文文化脱却の機会になったと考えます。

第2部　高倉山が明かす2つの東征

佞武多

　佞武多(ねぶた)は青森県を中心に盛んに行われる夏祭りです。佞はネイで、口先がうまい・心がねじけている、人あたりがよいという意味です。なぜこんな文字が使用されるのでしょう。倭、俀、佞の文字は良く似て、草書体の同形文字による誤りかも知れません。「俀国」は隋書倭国伝の中に見える文字で、倭国の倭の文字を間違ったとする説と、時には俀国と書いたとする説があります。佞武多は倭武多、俀武多のあやまりとすると、倭の武者が多くやってきたと読み取れて、ねぶた祭りはこの時の東征のことを伝える祭りと思えてきます。秋田県の能代では「ねぶながし」と呼んでいて、能代川を東征隊が川下りしたことが由来とも思えます。

　五所川原の「立佞武多の館」を訪ねました。高さ23mのねぶた展示には圧倒されました。その展示の中で驚いたことがあります。ねぶた祭りが行われる町の分布図があり、それを見ると八戸など青森県東部では行われていないにかかわらず、下北半島で行われていたことです。東征隊の副将軍、穂積忍山宿禰が進んだと考えた経路と同じです。八戸付近で日本武尊と分かれた穂積忍山宿禰は船でむつ市の太平洋側に上陸して、津軽半島に進んだと考えていま

地図80　ねぶた祭りの分布

した。青森市へは津軽側から向かったとの考えですが、それに合致したねぶた祭りの分布です。

冬の男鹿半島の「なまはげ」は東征隊が越冬したことの由来と考えていましたが、この佞武多祭りが夏の行事であることも、夏にやってきた名残りであれば納得できます。髪も髭も伸びた鬼のような姿の多人数の東征隊は、縄文の人々を驚かせ、心に残るできごとだったと思います。

【穂積忍山宿禰隊の経路概略2】

穂積忍山宿禰隊は青森から津軽平野に戻り、岩木川上流の白神の森で安寧を祈っていました。その後、大鰐、碇ヶ関と南下します。本隊は大館から能代へ進み、男鹿半島で冬を越しました。春になって秋田から、内陸の角館や横手を巡って由利本荘に向かいます。春、笹谷峠を越えた日本武尊隊とは庄内平野の酒田で再会しました。

［29］高倉森（829m）青森県中津軽郡西目屋村

この高倉の山だけは森となっているので、違うだろうなと思いながら、弘前から30kmあまり山に入りました。山に近づくとビジターセンターがあり、広場の先に高倉森が見えました。なんとここは白神山地の森を散策できる入り口だったのです。めったにこられない白神の森に、早速準備して入りました。朝まだ

写真148　白神のブナ林

第2部　高倉山が明かす2つの東征

早く緑の中は木漏れ日が素晴らしく、ああこれが白神の森と感動です。

　最奥の暗門の滝までは1時間以上もかかります。早くも戻ってくる若者に話しかけると、「東京から、東日本大震災のボランティアを終え、バイクでやってきました」と話します。これから三味線を習うため津軽に向かうという、その行動力に感嘆します。この先の人生の荒波も彼なら負けないだろうと、名前は聞きませんでしたが応援したくなりました。

　東征隊の行動力にも驚きます。ここにきていたのです。岩木川を遡りこの源流域で岩木川の安寧を祈ったと考えました。そしてこの白神の森を見て森の美しさに感動したと思います。そこで縄文人に敬意を表し、ここは高倉山とせず「高倉森」と森を付けたのでしょう。白神の森の中でこのことに気付いて、また1つ東征隊の心に感動しました。

[30] 高倉山（567m）秋田県大館市商人留

　この高倉山は大館市の東北部の山塊の中にあります。探し回り、大明神という村近くでオヤと思って撮影した画像が写真149です。尾根が横たわるその向こうに頂上部のみが見えました。なぜこの山を高倉山としたのか分からず、大館郷土博物館を訪ねてみましたが、地鶏の声良鶏の長い鳴き声の思い出だけが残りました。

　帰り着き大館付近の○倉

写真149　[30] 高倉山

山を調べると地図81のようになりました。3つの○倉山で3本の直線を作っています。頂点の山が三本倉山です。旅で弘前方面から南下してきて大館を経て北秋田に向かう際、ちょうど三本倉がある碇ヶ関付近で直接大

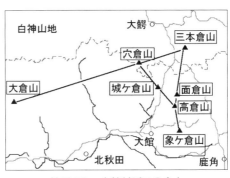

地図81　大館付近の○倉山

館に向かうか、鹿角を経るか迷い考えるところです。このことを表しているように見えます。1隊は城ケ倉山と高倉山で挟む羽州街道を、直接大館に向かったのでしょう。もう1隊は三本倉山と面倉山が挟む道を鹿角方面に進んだのでしょう。日本のピラミッド説がある大湯の黒又山や、麓のストーンサークル遺跡がある十和田大湯に立ち寄ったかどうかは分かりません。小坂町から高倉山と象ケ倉山が挟む道路で大館に進んだことを残しています。そして、三本倉山・穴倉山・大倉山が示すように、大館から能代へ進んだのでしょう。

　ところが再び訪ねた旅では大館の南、旧阿仁町や上小阿仁村に○倉山が街道脇や谷深くに見つかりました。東征隊は主要な村々を線で結んだように進んだのでなく、一つひとつの谷に入り隈なく探索していることが見えてきました。数人のグループを数多く山々に送り込んだのでしょう。彼らは美しい森や山の風景を見る余裕はあったのでしょうか。道もない山中に倒れた兵もいたかも知れません。

第2部　高倉山が明かす2つの東征

秋田の高城山

秋田の男鹿半島と太平洋側の牡鹿半島が、同じ「雄の鹿」の対になっている不思議を少年時代、兄に教えられてずっと頭に残っていました。

牡鹿半島付近から出発した東征隊は、八郎潟に船を入れ、雪の少ない男鹿半島で越冬したと考えていました。そして出発地の牡鹿半島と対象を意識して、男鹿半島と名づけたの

地図82　秋田の高城

でしょう。秋田県の八郎潟の東岸、森岳付近の高城山から、由利本荘市岩城亀田の高城山が対になっています。線上に石倉山があります。経路の足跡と考えました。

石倉山を訪ねると山頂部が展望台になっていました。八郎潟を見渡せる絶好の位置です。男鹿半島まで見えます。船の置き場など越冬するための作戦をここで練ったのでしょう。

北の高城山付近は3つの山が近接していることが分かりました。地図83です。僅か数百mの距離で高城山、高森山、高岳山

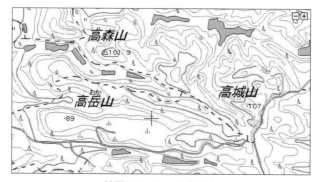

地図83　3つの高○山

が見つかります。近くの高い山より低い山への名付けです。人の意志がそうさせたと思います。見つかったのは高森山から高岳山を結んだ先が、八郎潟の南にある海との接点、船越です。東征当時、ここは砂嘴で男鹿半島とつながっていたのでしょう。船越の名が残るようにこの砂山を越して、越冬のため船を八郎潟に引き入れたと考えます。

【日本武尊隊の経路概略3】

八戸付近で穂積忍山宿禰隊と分かれた日本武尊隊は一旦、北上し陸奥湾が見える石坂に立った後、七戸、五戸、三戸、二戸と南下します。七戸から八甲田山、十和田湖の山峰に人を派遣したのでしょう。八〇田・十〇田と続くのが面白い。八甲田の

写真150　御倉山

山々が良く見える尾根に石倉山が、十和田湖の中には御倉山を残しました。三戸の馬瀬川横には天神山を残しました。

副将軍の建稲種は二戸で、日本武尊隊と分かれて九戸に進み、北上山地の中を延々と陸前高田に到る、現在の国道340号を下ります。船とともに参加した建稲種ですが、穂積忍山宿禰隊が津軽に進むための船には同乗せず、日本武尊隊をサポートしたようです。北上川に沿って南下する日本武尊隊に戦いが起きれば、北上山地を越えて救援に駆けつける体制です。

第2部　高倉山が明かす2つの東征

[31] 高倉山（1051m）岩手県八幡平市

日本武尊率いる本隊の東征隊は二戸から安比川を遡り、安比高原を越えて盛岡に進んだと考えていました。高原を越えたところに松尾の地名があったからです。八幡平の名付けも天孫降臨での八幡丘の故事を

地図84　八幡平市の高倉山

知ってのことでしょう。この安比高原近くの高倉山は峠越えの安寧を祈ったと考えましたが、道路からは確認できません。高原のスキー場にも登ってみますが確認できません。おそるおそる林道にも入りましたが分かりません。あきらめかけて、引き返し休憩したところが貝梨分水嶺公園でした。この高倉山は中央分水嶺だったのです。八幡平のような高い山ならば分かるが、なぜこの山を高倉山としたのでしょう。この山を分水嶺と見極めるためには、峠を越えた先の谷川の行き先まで確認しなければできないことです。東征隊の壮絶といっていいエネルギーにただ感心します。これだけがやるべきことではないのに、どれだけの人数ならできるのでしょう。

[32] 高倉山（1409m）岩手県岩手郡雫石町西根
[33] 小高倉山（1235m）岩手県岩手郡雫石町西根

雫石盆地のシンボルのように2つの高倉山が並んでいます。豊なこの盆地の安寧を祈ったのでしょうか。岩手山付近に〇倉山が多くあることが、盛岡や安比、雫石を巡っているとき、気づきま

第5章　東国の高倉山

した。偶然でなくここに人の意志があると考えました。岩手山の西側尾根では群になって見つかります。地図85です。

岩手山の北西、八幡平に続く尾根にある下倉山・中倉山・上倉山を訪ねました。松川温泉から山岳道路を登り始めると、谷の向こうに雪をかぶった絶景の岩手山が見えてきました。東征隊は、この下倉山・中倉山・上倉山と尾根を進み、場所を変えながら、絶景を見たのでしょう。

写真151　雫石の高倉山

地図85　岩手山付近の○倉山

大地獄谷と呼ばれる大きく崩れた火口の両側には、黒倉山と赤倉岳が見えます。これは対に置かれていることから、赤倉岳のように「岳」表示の○倉岳も、この東征と同時に名づけられたことが分かりました。調べると全国に33山があり、そのうち28山が東日本の日本武尊東征時の名づけであると思われます。

この岩手山尾根の○倉山群の中には、また松倉森も見つかります。○倉森が高倉森だけでないことを知ります。調べると福島より北に13山が見つかります。

地図に記した岩手山遥拝所が、岩手山の真南でないことを不思

第 2 部　高倉山が明かす 2 つの東征

議に思い訪ねてみました。すると、谷筋が岩手山に向かって開けて、岩手山が見えるところにありました。東征隊は隈なく探してこの偶然の位置を山中に見つけたのでしょう。

　ところで、岩手山の名前はこの時すでにあったのか、この東征の際に名づけたのか知りたくなります。岩手山と同じ岩が付く岩木山があることも偶然ではないように思えてきます。〇倉山を訪ねる旅で気がついたことがあります。岩手山など地方の著名な山に続く尾根には、よく〇倉山が見つかることです。表 24 に例を挙げてみます。この時代、地方随一の山といえども人々に共有された名前があったとは思えません。ところが全国的に見ても多くの名が残る〇尾山や〇倉山の同種の山名は、名づけられていません。このような名づけ方を神武東征時にしなかったことを、日本武尊東征時に習ったのかも知れません。先の苗場山や白山でも山頂部を〇倉山で指し挟んでいました。

表 24　東北地方の著名な山に副う〇倉山と距離（km）

No	著名山	副う山	距離	No	著名山	副う山	距離
1	岩木山	石倉山	5.8	6	船形山	柴倉山	5.2
2	八甲田山	赤倉岳	2.1	7	大朝日岳	上倉山	5.5
3	七時雨山	石倉山	4.4	8	会津朝日岳	高倉山	2.3
4	岩手山	赤倉岳	2.3	9	蔵王山	横倉山	4.2
5	焼石岳	上倉山	5.0	10	御神楽岳	笠倉山	0.5

[34] **高倉山**（777m）岩手県岩手郡雫石町西安庭

　この高倉山は、二上山のような台形の山形をしていて雫石盆地から良く見分けがつきます。［32］［33］の高倉山と近い位置なが

第 5 章　東国の高倉山

写真 152　[34] 高倉山

地図 86　西和賀の○倉山

ら同じ名を付けているのは、この素晴らしい山形にあるのかも知れません。

　この高倉山がある雫石から、西和賀地方に点々と○倉山が続いています。地図 86 です。東征隊の分隊による遠征での名づけと考えます。西和賀の町名由来となった和賀岳もこの時の名づけなのでしょう。豪雪地帯の西和賀ですが、旧石器遺跡が見つかっていて、古くから人が住んだ地域で、縄文人と出会っていると考えます。

[35] 高倉山（ 756m）岩手県盛岡市玉山区藪川
　日本武尊隊と建稲種隊が、互いに連絡をとりあった痕跡と思われる高倉山がいくつか残されています。[35] [36] [37] の高倉山が北上山地越えの連絡道路脇にあります。盛岡市北部から岩泉に到る小本街道には大倉山・[35] 高倉山・岩倉山・焼倉山を置いて経路としています。岩倉山には街道のトンネルがありましたが、ここで焼尾山の方角に進んでいるのでしょう。また明神山が

第２部　高倉山が明かす２つの東征

地図87　盛岡〜岩泉

写真153　[35] 高倉山

２つあります。１つは岩泉の龍泉洞脇の山で、東征隊はすでにこの龍泉洞を見つけていたのかも知れません。

[36] 高倉山（1141m）岩手県下閉伊郡岩泉町釜津田

この高倉山は盛岡市南部から岩泉に向かう山中にあります。写真154の前方左に見える立派な山です。

写真154　[36] 高倉山

[37] 高倉山（548m）岩手県花巻市大迫町内川目

花巻市から早池峰山の南の峠を越える道を指し示しているように見えます。花巻市から山道に入る入口付近にあります。

ここ大迫町内川目は早池峰神楽が伝わる里です。由来は定かでありませんが、東征隊のことが伝承されたかも知れません。

写真155　[37] 高倉山

岳神楽と大償(おおつぐない)神楽があり、使用するお面が阿(あ)形と吽(うん)形であることが、日本武尊隊と建稲種隊の阿吽の呼吸での連携を想像させてくれます。

[38] 高倉山（134m）岩手県一関市花泉町永井

所在地は一関市ですが、豊な平地が広がる米の名産地、登米市の平野の真北にあります。地理風水でいう玄武の山です。この平野の安寧を祈った山とすぐに分かり

写真156　[38] 高倉山

ます。東は青竜に相当する北上川が流れ、西は白虎ならぬ白雉山です。朱雀の南は小倉山、神取山の先の石巻湾までを見通した地理認識のように思います。広がる田んぼの中に立つと黄色く色づき始めた稲が果てしなく続き、先ほど登った134mの山は見分けも付きませんでした。

[39] 高倉山（855m）
　　　　宮城県黒川郡大和町吉田

大和町吉田付近には○倉山がいくつもあります。地図88です。その中の1つが[39]高倉山なので、○倉山と高倉山

写真157　○倉山群

第2部　高倉山が明かす2つの東征

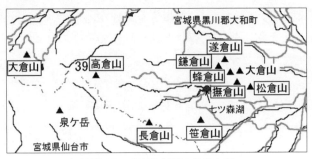

地図88　大和町付近の○倉山群

が同種の山であることが分かります。特に七ツ森湖付近に鐘を伏せたような山が群をなしています。なぜこんなにたくさん名づけたのでしょう。

　10数km離れた大郷町の石倉山を訪ねたときに思ったことです。北から南下してきた日本武尊隊と建稲種隊が、この平野で相手の帰還を見つけ、互いに烽火を上げ喜び合ったのではと考えました。平野の向こうに何本もの烽火が、立ちのぼる風景を想像しました。

　松倉の松や遂倉の遂は、東征の帰還を祝う名なのか。蜂は烽に掛けた文字なのかも知れません。

[40] **高倉山**（853m）
　　　宮城県仙台市太白区
　　　秋保町馬場

　この山へは仙台南から名取川を遡ります。途中、秋保温泉付近から大倉山・三方倉山が続きます。何のための山か謎がまた登場です。

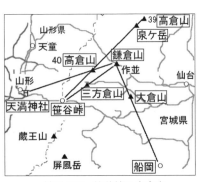

地図89　笹谷峠の高倉山

第 5 章　東国の高倉山

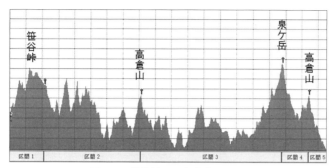

図18　笹谷峠から高倉山の断面

　試しに 20km も離れた［39］高倉山と結んでみました。すると泉ケ岳の真上を通過しています。さらに南に延長を試みました。その先が笹谷峠を指し示していました。

　この笹谷峠は東征隊が大河原町の大高山神社付近で越冬し春、山形に向かったときの峠と考えていました。峠を下りた先に陣を敷いた伝承が残るからです。その陣営の場所、天満神社を作並の鎌倉山との対で指し示していました。三方倉山の名は「倉の三方を見よ」の意かも知れません。残る一方を探すと、鎌倉山と大倉山を結んだ先が、柴田町の船岡付近を指し示していました。越冬時、阿武隈川を遡った船隊をこの船岡山付近の支流、白石川に留めたのかも知れません。

　この作業にどれだけの手数をかけているのでしょう。幾つもの山頂に登り見通したなら、その人数も多くなるでしょう。東征隊が

地図90　馬洗場

275

第2部　高倉山が明かす2つの東征

進んだ後でなければできません。後を追う多くの人がいたのです。

最北の破鏡

　先の編に紹介した最北の破鏡は笹谷峠を越えた先の山形盆地出土です。馬洗場B遺跡の古墳時代前期の住居跡から見つかっています。

　福岡県や長崎県の北部九州では副葬された破鏡・鏡片が多く見つかりますが、東国ではほとんどが住居跡や溝、河川から発見されます。馬洗場近くに高田や天神の地名が見つかり、ここで東征隊が稲作を伝えていた痕跡でしょう。荒い農作業で落としてしまったのかも知れません。

[43] 高倉山（569m）山形県南陽市萩

　上杉藩の上杉鷹山も畏敬したと考える、この上杉藩にある6つの鷹山は対山を結ぶと1点に交わります。その交点に高倉山が見つかるので、古代人の重要な意識がそこにあったと思い訪ねました。近くにあったお堂に立ち寄ると、麓の集落は昔（1628年頃）、金山掘りで栄えたと案内板にありました。江戸時代のことを記し

写真158　[43] 高倉山

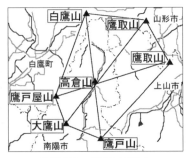

地図91　[43] 高倉山

ていますが東征隊は早くに、このことを見つけ、目印に高倉山の名を残したと考えます。

【日本武尊隊の経路概略4】

日本武尊隊は米沢盆地を巡った後、置賜・長井へ北上します。長井市の野川上流には神尾山が残されていて、野川流域の治水事業を行った痕跡と考えました。

野川と最上川の合流地点の総宮神社には、日本武尊治水の伝承が残ります。

写真159　神尾山

神社には独眼の獅子頭があって、治水で活躍した鉄鍛冶の人を想像できます。日本武尊隊はさらに北上しますが、大伴武日隊は居残り、国津神・島津神など東征に参加した蝦夷も加わって治水作業にあたったと考えます。

[44] 高倉山（189m）山形県最上郡舟形町富田

東征隊は最上川を船で庄内平野に下っていることから、この高倉山の木を切り出して船を造ったものと考え、木材の川出し地を探してみました。すると高倉山の北面に小国川が沿っていて、切り倒した木材を斜面から直接川に流せる良い立地であることが分かりました。

写真160　小国川

第2部　高倉山が明かす2つの東征

　近くの鍋倉山と高倉山を結んだ中間は、小国川が最上川に合流する地点です。(写真160)河原も広く、船造りにちょうど良い場所に見えました。パンタロンを穿いた風の国宝土偶、「縄文の女神」は、この舟形町で見つかっていて、高倉山から2kmばかりです。縄文人も参加しての作業だったかも知れません。

[45] 高倉山（1054m）山形県最上郡戸沢村角川

　この高倉山や付近の〇倉山を2度訪ねましたが、近づくことはできませんでした。高倉山が特別な意味を持つことは分かっていましたが、この山は長く謎でした。形でなく、位置に意味があるため山深くの場所の名づけになったのでしょう。

　地図92のように[45]高倉山と鷹尾山との関係を見つけたときは、興奮で眠れぬ一夜を過ごしました。

写真161　[45]高倉山

　東征隊は船を造り最上川を舟下りしますが、その下船場所を向かった先の鷹尾山と高倉山で指し挟み、〇倉山で分かりやすく補強していたのです。松尾芭蕉舟下りの下船場所より3kmほど上流の、草薙温泉付近を指し残しています。現在の舟下り下船場所と同じですが、対岸の

地図92　[44]、[45]高倉山

北側の岸だったことが分かります。なぜなら北側であれば酒田方面に進むのに再度、最上川を渡る必要がありません。またそこが下船できる地形では最上流です。

[46] 高倉山（694m）山形県尾花沢市上ノ畑

この高倉山の麓に銀山温泉があります。江戸時代、鉱夫が銀山川にお湯が沸くのを発見して銀山温泉になったとのことです。銀山の地名は後世の名付けと思いますが、古代すでにここで銀を産出することを知っての高倉山の名づけです。銀山温泉からは高倉山が見えないので、反対側に回るとダム横に確認できました。

【日本武尊隊の経路概略5】

船で最上川を下った日本武尊隊は、酒田で穂積忍山宿禰隊と再会します。そこには古代の城、城輪柵(きのわ)が残ります。柵は後の造営ですが、この由緒があって、ここに造られたのでしょう。津軽から南下した隊が穂積忍山宿禰隊と考えたのは、津軽平野とこの付近に穂積の地名を残していたからでした。日向川や稲作を伝えた高田の地名も残ります。鳥海山が素晴らしく良く見える場所ですが、この鳥海も東征最終地点で名づけた山だったと考えました。多くの○尾山や鷹取山を名づけてきて、日本列島が鳥の海になったとする、形容だったのです。

地図93 帰還の経路

穂積忍山宿禰隊と合流して帰還の道に入ります。東征を終えた最初の地、鶴岡に日本国の地名を残します。日本武尊が初めて日本国の認識を残した場所です。これからの帰還の足跡は、この認識を残す旅となりました。鶴岡から越後平野に向かう県境には消えることのない確かな認識として日本国の山を残しました。この日本国からも日本平山、武尊山を経て富士山につながっていたのです。現代人でも地図なしにこのような直線があることを知ることはできません。どうして富士山までの直線が引けたかは謎といえそうです。

越後平野に出た東征隊は、そのまま南下して三国峠を越えれば武尊山は近いが、阿賀野川に至ると会津に向かいます。置賜の野川治水に残した大伴隊の進捗や、この先の待ち合わせの位置の情報交換の必要があったのでしょう。水戸では津軽や秋田で穂積忍山宿禰隊をサポートし、北海道にも渡ったかも知れない船隊が帰りを待っています。

日本国名成立の経緯

古代より日本の国の呼び方はいろいろありました。（例：表25）

表25　国号のいろいろ

葦原中津国	葦原の水穂国	秋津島	敷島	大八洲国
やまと	倭	邪馬台国	日本国	その他

「日本書紀」成立の時、720年には、日本国の号は成立していたことになります。その成立の時期と経緯については謎でいろいろな説があります。607年、聖徳太子が隋に送った「日出処の天子、書を日没処の天子に致す」の国書の内容が有名で、日本国の由来

とする説があります。また大陸から見て、日の出の方角にあるからとする考えもあります。

これでは、まるで大陸の人が倭国を日本と呼んだから、これを拝借したみたいです。日本人の尊厳にかかわるこの問題について、由来が富士山にあったこ

写真 162　平原一号墓

とが見つかり安堵します。日本の国号が「ひのもと」にあてた文字で、太陽の出るところの意味であることはすぐに分かります。その心の足跡を振り返ってみます。

1) 「ひのもと」の心は日本の国づくりを始めた、天照大御神に始まります。天照の名は、この世界をあまねく照らす太陽を表しています。

2) 写真 162 は、卑弥呼（天照大御神）の墓とされる、伊都国の平原 1 号墓です。前方に日向峠が見えます。

3) この古墳から日向峠を越えた先の、朝倉の高天原は立春の日の出の方角です。天照大御神は、ここから日に向かって宮を移しました。

4) 天照大御神の孫、邇邇藝命は天照大御神の命により、高天原から南に向かい、後の日向国に新しい国をつくりました。その旅の途中では、日向岬に立って日の出を遥拝しました。

5) 4 代後の神武兄弟は、大八州の中心に新しい国をつくり、そこに都を移すことにしました。

6) これを高天原に出向き、倭国の人達と相談し、力を合わせ

て東征することが決まりました。そして目的地を「ひのもとの大倭」と呼ぶことにしました。

「ひのもと」とは、太陽が出る海や山の西、遠く離れた位置で使用する言葉です。「ひのもと」と呼ばれた奈良での「ひのもと」は、そのまた東になるからです。大倭の倭が倭国のあった北部九州で生まれたことを表しています。倭国と神武達の南の国・都萬国が連合したので大倭としたのでしょう。そして、この大倭を「やまと」と呼ぶこととしたのは、邪馬台国の都、高天原で生まれたので「やまと」としたのでしょう。

7) 神武東征の最中にも「日に向かう」心がありました。日向の美々津からの船出は、朝早く日の出の時でした。

今も東征隊に団子を差し入れするため、家々を起こし回った由来の「起きよ祭り」が残ります。出港した船は写真163の前方、一ツ神と七ツバエの島の間を通ったとのことです。この七ツは朝4時頃を言います。

写真163　船出の浜

8) 太陽が照る昼だけが大事ではありません。東征隊は出雲の日御碕に天照大御神を祀り、新しい国の夜の平安も祈っていたのです。志の高い東征だったことが分かります。

9) 東征隊が孔舎衛坂を越えて「ひのもとの大倭」に入ろうとしたとき、長髄彦と戦いになり負けます。日に向かって敵

と戦ったから、負けたと記しています。その麓にある草の香と書く草香村を、日の下と書く日下（くさか）に変更しています。

10) 日下について日本国の別な説があります。神武東征に先立って、饒速日命が磐船で河内に天降りしたとき、川下から生駒山に日が昇るのを見て、その麓の草香に日下（ひのもと）と名づけ、これが次第に山を越えて、奈良にも拡大していったという説です。そしてこれが日本の元であろうとしています。しかし、「ひのもと」は太陽の昇る山の向こう側にこそ、ふさわしく、手前の麓に「ひのもと」とは付けないと考えます。日下はあくまで「くさか」なのです。

11) 時代を経て12代・景行天皇の子として日本武尊が生まれます。双子の兄弟で兄は大碓命、日本武尊は小碓命と呼ばれていました。

12) 小碓命は天皇の命で九州へ16歳で西征しました。神武東征の心を学ばせ、戦いの訓練を行わせるためだったのでしょう。このとき熊曾建（日本書記では川上梟帥）と決闘となり、倭男具那と名乗りました。これは大和からきた若い男、青年といった意味でしょう。

13) 不思議なことに決闘の中で、熊曾建から倭建の名をもらいます。熊曾とは、大和側から見たクマ地方とソオ地方の総称なので、地元の人が熊曾とは名乗らない名前です。熊曾建は本人が名乗った名でなく、小碓命が勇猛な敵に名づけた仮名なのです。日本書紀では本名を取石鹿文(とろしかや)と記しています。

14) 立派な名で呼ばれた熊曾建は返しに、倭男具那に代えて倭

第2部　高倉山が明かす2つの東征

建を贈ったと考えます。
このことがあって、小碓命は倭国の国名に関心を抱くことになったと考えます。

15) この後 27 歳になって倭建の名で、東征に出発します。

写真 164　日本平

16) 静岡と焼津の間に日本坂があります。倭建命は焼津で火に囲まれたあと、火をつけた国造を追って、この日本坂の峠を越えました。

17) そして峠に立った時、眼前に見た神々しい富士山を見て「ひのもと中央」こそ、この富士山だと強く思ったのでしょう。この峠を「日本坂」を名づけました。さらに日本坂を越えた倭建は、伊豆に連なる富士山が美しく見える山に登り、ここを日本平と名づけています。「ひのもと」の平安を祈った平です。

18) 倭建命はここで「日本武」と、名の倭を日本に改めたのでしょう。建も武と変えて、日本武尊には新しい決意が生まれていたことがうかがえます。

19) 富士山こそ「ひのもと中央」との思いは東征の中でも失うことなく、陸奥湾が見える折り返しの地点に、「日本中央」の碑を残しました。

20) 「日本国」の国名は東征の中で、すでに決意していたのでしょう。東征が終わった地点でそれを、地名や山の名として残すことにしました。そして国名の由来が富士山であること

第5章　東国の高倉山

を残す努力を始めたのです。

21) その最大の努力は、富士山から日本国の山に向かって歩き、中間の武尊山に登ることでした。

22) 日本書紀が神武天皇を神日本磐余彦天皇と、日本を用いて記しているため、日本国号誕生の時代を曖昧にしてしまいました。日本武尊の子・仲哀天皇の妃である神功皇后が、新羅出兵した際の記述が日本書紀にあります。
「新羅の王は遙かに眺めて……いうのに『東に神の国があり、日本というそうだ』」
このときすでに日本国の名が、新羅に届いていたことを書き留めています。日本武尊が認識した国号が、景行天皇に伝えられていたのでしょう。2世代後の神功皇后時代に、新羅に伝わっていても不思議はありません。

佐渡へ

佐渡には松倉山と三度倉山が見つかります。三度倉山の名は3山の倉山を結べと名づけたと考えました。佐渡には2つしかないので、対岸の村上市早川の鍋倉山と結ぶと、その先の日倉山とも直線で結ばれ、さらに延ばすと山形の高取山です。この高取山は村上市の鷹取山と対で、日本武尊東征の進んだ方向を記録した山です。そこで鷹取山に折り返すと、その先が

地図94　佐渡遠征のベクトル

第2部　高倉山が明かす2つの東征

今度は佐渡の松倉山に結ばれていたのです。
　日本武尊隊が佐渡に遠征したことを記録したのでしょう。この渡海を後の人に知ってほしいと、三度倉山から高取山への直線を副の直線として残したと考えます。村上付近から佐渡に渡ったようで、近くには岩船の郡名や岩船神社が残ります。また、大日倉山と日倉山の結んだ先が粟島になり、高取山と大日倉山を結んだ先が、岩船神社南のお幕場森林の長い砂浜であることも、偶然ではないと思われます。

日本武尊隊の会津から中通りへの道

　会津から中通りへ向かった道が○倉山に残されていました。会津高田から大内宿を経て、羽鳥湖から天栄村に出る道でした。天栄村の名の元となった天栄山は権太倉山とともに鳳坂峠近くにあって、この時、名づけたのでしょう。

地図95　会津から中通り

日本武尊が鉾を立てたと伝わる、須賀川市の鉾衝神社の位置も納得できます。

[53] 高倉山（502m）栃木県那須郡那珂川町小砂

　700年に建立されたとされる、古い那須国造の碑が高倉山の近くにあったので訪ねました。実習でやってきたという考古学専攻の女子大生とともに、お堂に収められた碑を拝見しました。土の中から発見されたので、文字がきれいに遺されています。古墳も

286

第 5 章　東国の高倉山

残るこの付近は古くから開けたところです。しかし、この高倉山名づけの意味が解けません。重要な意味があるはずです。

写真 165　[53] 高倉山

【大伴武日隊の帰還経路概略 6】

一方、大伴武日隊は長井市の野川治水の事業を行うと、日本武尊隊に遅れて帰還します。その経路が今回の高倉山を訪ねる旅で見えてきたように思います。日本武尊隊との再会の場所は松戸です。ここ松戸の名のいわれが、日本武尊と従者が待ち合わせしたことによります。

米沢から喜多方に向かう峠の高倉山や南会津に、いくつかある高倉山は日本武尊隊が立ち寄っ

地図 96　大伴武日　帰還の道

たと考えるには無理があり、不思議に思っていた山々です。大伴武日隊が最短で松戸に向かった道と考えます。

[42] **高倉山**（1461m）山形県米沢市大沢

この高倉山を訪ねて米沢から、福島に通じる国道 154 号を峠に

第2部　高倉山が明かす2つの東征

向かいます。峠から谷に下るように山中に入ります。だいぶ進んで峠という廃工場のような上屋の駅に着きました。誰もいない駅に入りしばらくすると秋田新幹線が通り過ぎて驚きました。駅前茶屋の主人が出てこられたので高倉山

写真166　姥湯の高倉山

の場所を訪ねました。良く見えるのは姥湯温泉の近くだと教えていただき、それも「猿みたいだからすぐ分かる」とのことです。早速、細い道を転落しないよう慎重に進みます。それにしても、良く聞かなかったので「猿みたい」の意味が分からず、とりあえず姥湯温泉にも入りたくて進みます。車を駐車場に置いて、タオルを持って姥湯(うばゆ)温泉への谷にかかる橋を渡ります。そこでたまたま振り返り、その意味が解けました。ご主人の的確な表現があたります。写真166のように猿顔の高倉山だったのです。湯気の立ち上る谷奥の露天風呂に入ると自然への畏敬や自然に抱かれた幸せを感じます。東征隊がこの自然のお湯に入ったかどうかは分かりませんが、きっとあの猿顔が当時もあったのでしょう。

[41] 高倉山（1227m）山形県米沢市入田沢

以前に米沢街道の峠を越えたときは、喜多方から米沢に向かうときでした。大変な山道だったことや、ラーメンを食べ忘れて喜多方に戻ったことも覚えています。今度は米沢から反対に進みました。以前の道とは見違えるように広くなり良くなっていました。峠の大峠トンネルの米沢側入口付近に高倉山はありました。

この峠の安寧を祈ったのでしょう。

[49] 高倉山（1308m）福島県南会津郡下郷町中山

南会津から日光に続く山岳地帯にいくつもの高倉山があり難問でした。山頂部に岩倉があるからとの高倉山の由来説に簡単に納得しそうです。この高倉山は会津若松城下から下野の今市に通じる下野街道にあります。

写真167　[49] 高倉山

先に高倉神社あるところとして登場した、大内宿を通る旧道（日光街道）の下郷町への左折点（中山峠）にあります。下野へ向かう道を探索し重要なポイントであることを認識していたのでしょう。日本武尊隊に追いつくための道を、野川治水の中でも人を派遣し探索していたと考えます。

[50] 高倉山（1284m）福島県南会津郡下郷町合川

中山峠から下郷町に進み、ここで右折するのが日光街道ですが、直進すると白河に至る甲子道路です。この道は最近できた立派な道路で、旧道が険しいので新設した道路でした。そこで旧道に向かうと峠に向かう細い道路から特徴

写真168　[50] 高倉山

第2部　高倉山が明かす2つの東征

ある高倉山が見つかりました。東征隊はこの白河に至る、峠越えの道をも探索していたのでしょう。峠には足倉山が残されていました。

[51] 高倉山（1574m）福島県南会津郡只見町石伏

　この高倉山は奥会津の西部に位置する、会津朝日岳の僅か西2kmにあります。東征隊の一部が金山町から沼田街道を進んできて戸倉山で尾根にとりつき会津朝日岳に登った足跡に見えます。現在の登山ルートとは異なります。登山道がないので尾根道を選んだのでしょう。そして反対側に下りたのでしょうか。最高峰の会津朝日岳だけが○倉山でないことが、地方随一の山に○倉山が副っている発見となりました。

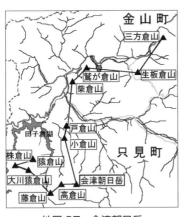

地図97　会津朝日岳

写真169　会津朝日岳と高倉山

[52] 高倉山（1204m）福島県南会津郡南会津町糸沢

　阿賀野川が新潟県から福島県に入ると阿賀川に名が変わります。その阿賀川に沿って日光街道が続き、峠を越える手前の源流

域にこの高倉山があります。写真170の中央に見える尖がり山です。この南会津付近には多くの○倉山が残ります。広い南会津を巡っていたことが分かります。訪ねた谷奥の湯ノ倉山の麓には湯ノ花温泉がありました。東征隊が見つけた温泉なのでしょう。その

写真170 [52] 高倉山

年初めて降った雪が、黄葉の林に残っている晩秋でした。古代に思いを馳せ、一人朝早く入った共同温泉は忘れられない思い出となっています。

[54] 高倉山（1437m）栃木県日光市湯西川
[55] 前高倉山（1426m）栃木県日光市湯西川

鬼怒川の上流、山深い2つの高倉山に、なぜ名が付いたのでしょう。付近の北側の山々に○倉山がいくつも見つかります。鬼怒川の東にはありません。もしかすると鬼怒川の川沿いで通れないところがあり、尾根道越えの道を辿ったかも知れませ

写真171 [55] 高倉山

ん。写真のような風景ですから、もしそうだとするとすさまじいばかりの行軍だったことになります。

第2部　高倉山が明かす2つの東征

【日本武尊隊の経路概略7】
　松戸で大伴武日隊と合流した日本武尊隊は、松戸から船で江戸川や荒川の下流域を渡り上野付近に上陸します。そして神田川の上流、高田、早稲田を経て目黒に向かいます。中原街道を進み最初の越冬地、二宮のこゆるぎの浜に立ち寄ります。弟橘媛とつかの間の冬を過ごした思い出を温めるためでした。

忘れえぬ弟橘媛

　日本武尊は三浦半島の走水から、房総半島に船で渡りました。その渡海の最中、突然の嵐に船が転覆しそうになると、妃の弟橘媛は、無事、日本武尊が対岸に上陸できるよう神に祈り自分の身を投げました。

写真172　二宮駅の吾妻山

　渡海の日に合わせ、あらかじめ余裕をもって走水にきていたようで、大伴黒主という人が、ハマグリを献上し喜ばれたという故事が残ります。嵐がきそうなことは予測できたでしょう。なぜ敢えて出港したのでしょう。走水を太陽が通る日、対岸に上陸して太陽が富士に沈む光景が見える日に合わせたと考えました。そのため、嵐がきそうな中、無理して船出したのでしょう。
　一方、弟橘媛はこの日の渡海にかける日本武尊の心を知っていました。また、この東征に女が同行して、焼津で火に囲まれたように、自分は日本武尊の足手まといと考えていたかも知れません。
　自分が日本武尊のために役立つのは、この時しかないと考えた

第5章　東国の高倉山

と思います。入水の前に謳います。

　　　さねさし　相模の小野に　燃ゆる火の
　　　　　　火中に立ちて　問ひし君はも

　船は富津岬の北まで流されて、木更津の富士見あたりに上陸したようで、媛が謳った歌を聞かされて、日本武尊はいつまでもその浜を去らなかったといいます。
　二宮町の山に登り一緒に見た富士山や、浜を懐かしんだのでしょう。山は吾妻山と名づけられ、麓の浜には媛の思い出の櫛を埋めたと伝わります。
　そこで帰還の経路に残る吾妻山を拾ってみました。地図98です。

　経路の後半では、遠くへ呼びかけるように「あづまや」が多くなります。これに四阿や四阿屋

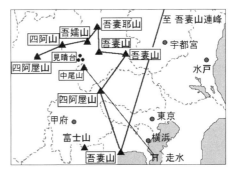

地図98　吾妻山の分布

があてられています。いずれも公園などにある東屋の意味ですが山の配置から、日本武尊の言葉にこの文字があてられたことが見えてきます。

【日本武尊隊の経路概略8】
　二宮から低い尾根道の高尾を経て、松田から足柄峠を越えます。同じ峠を越えるのはこの峠だけです。もう一度見たかった富

293

第2部　高倉山が明かす2つの東征

士山に向かうためです。明神峠を越えて山中湖周辺に続く山々は、日本武尊には良い展望台だったようで、幾つもの〇尾山が残ります。この後、御坂峠を越え山梨へ、さらに雁坂峠を越えて秩父と進みます。雁坂越えで道に迷い、神に祈ったとい

写真173　尊が祈った岩室

う岩上に立つと、よくぞこの山中の岩に立ったと感動します。これこそ日本の建国遺産かも知れません。

[56] **高倉山**（1449m）群馬県利根郡みなかみ町湯檜曽

　この高倉山は上越線の土合駅近くにあります。平地からは良く分からず、ロープウエイで天神平に登るとスキー場横にありました。日本武尊が武尊山（ほたか）に登る際にこの谷川岳越えの越国ルートを

写真174　[56] 高倉山

探索した痕跡と考えます。吉備武彦の越国側から探索したルートと、谷がずれて合致することはできなかったと思われます。スキーリフトで天神平の上の天神山に登ると、南の方角に山頂部を台形にした吾妻耶山が形良く見えます。南の方角を見て昨年、走水の海で亡くなった弟橘媛をまた思い起こしたのでしょう。

第5章　東国の高倉山

　帰還経路の最大の目標、武尊山についに登りました。山を下りると宝川温泉、草津温泉と体を休めながら鳥居峠を越えて上田市に下ります。日本武尊が武尊山に登っている間に、大伴隊は群馬から軽井沢に登る碓氷峠を拓いていたように思います。上田から一旦、その軽井沢に向かいます。日本書紀は次のことを記します。
「甲斐から北方の、武蔵・上野をめぐって、西の碓日坂にお着きになった。日本武尊は弟橘姫を思い出される心があって碓日の峯にのぼり、東南の方を望んで、三度歎いて『吾嬬(あづま)はや』といわれた。」

中尾山

　その碓日の峯を訪ねました。峠に見晴台があり、日本武尊はここに立ったと思われます。写真175は見晴らし台から東南を見た風景です。東南が悲劇の走水の海であることはすぐに思い到ります。その中、見つけた写真中央の独

写真175　中尾山

立峰が中尾山でした。碓氷峠開削の証か、走水を指し示したのか分かりませんが、山を見る目の確かさに驚きました。

【日本武尊隊の経路概略9】

　軽井沢から佐久、諏訪、伊那を経て美濃に戻る計画です。ところが、その経路が最も遠回りの信州峠を越えて、北杜市を経由する道だったことを発見しました。信州峠の横に横尾山を置いて、

第2部　高倉山が明かす2つの東征

ここを越えたことを残していたからです。日本武尊の富士山に寄せる思いがひしと伝わります。もう一度富士山を見たかったのです。富士山がもう見えなくなる場所に、日本武尊手植えと伝える桜が今も残ります。実相寺の神代桜です。

地図99　名残の帰還経路

　富士山に寄せる思いは、さらに見つかります。諏訪に向かう峠の富士見町の富士見公園を訪ねると、ここが分水嶺で小さな高尾神社がありました。この先は峠が下りとなるので、ここが最後と思い振り返ったのでしょう。

　驚くのは、安曇野に馬羅尾山(ばらお)と富士尾山を置いて、富士山を指し示していたことです。馬羅尾山からは富士山が見えます。南アルプスと八ヶ岳の山峡を抜けて、富士山が見える奇跡のような場所だったのです。これまで藤尾山が渥美半島と、甲州市の北東15kmほどの2ヶ所に登場しました。富士山はもとの名が藤山と言われています。その名を富士山に変更したのが日本武尊だったことが分かります。

　東征隊は伊那谷を下り、神坂峠を越えて尾張に戻ります。「この国は山高く谷は深い。青い嶽が幾重にも重なり、人は杖をついても登るのが難しい」と日本書紀に記します。その峠を訪ねました。

　祭祀跡が残り、ここで峠の安寧を祈ったことが想像できます。近くに神坂山と富士見台が見つかり、富士見台で富士が見えるか

296

と思い、行ってみました。1,739mと高いのですが南アルプスの山々にさえぎられ見えません。富士山が見えないのに富士見台としたのは日本武尊が、もしかすると富士山が見えるかも知れないと登った由縁と思いました。確かな証はありませんが、富士山への強い思いを知ってそう考えます。

高根山

神坂峠を越え美濃に入る内津の坂を下るとき、早馬がきて建稲種命が駿河の海に落ち、水死した知らせが届きました。これを聞いた日本武尊は「うつつかな。うつつかな」と悲涙したと伝わります。そこに内津神社を建て霊を祀りました。

水死の原因は「一日船を浮かべておられると、羽美しく声おもしろい異鳥が海上に飛翔するのを見て、これを捕え日本武尊に献上しようと、追い回すうち突風が起こり転覆し溺死した」とあります。

伊豆七島の御蔵島には黒崎高尾山があります。原始林の山中で鏡が見つかっていて、その場所に稲種ならぬ稲根神社があります。この御蔵島沖で水死したもの

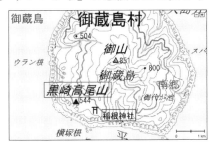

地図100　黒崎高尾山

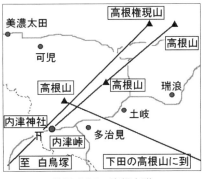

地図101　高根山群

第 2 部　高倉山が明かす 2 つの東征

と推理しました。黒崎高尾山の黒は悲しみの黒と考えます。(地図 100)

この内津の坂でのできごとも山に託されていないかと考えてみました。すると多治見市付近に高根山が多く見つかります。(地図

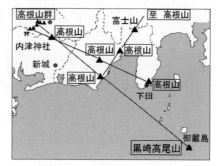

地図 102　富士山と高根山

101) これらが内津峠や内津神社を指し示しているようです。高根権現山までが見つかります。内津神社の祭神は建稲種ですから、権現とは建稲種のことなのでしょう。内津神社への直線を延ばすと、能褒野の白鳥塚までがつながることが分かりました。

静岡県にもいくつかの高根山があり、これを介して黒崎高尾山と結ばれていました。地図 102 です。下田の白浜の高根山は、ここから船出したことを残したのでしょう。豊玉彦が拓いた裸国・黒歯国への航路で見つかった寄港地です。驚くのは清水市の高根山から富士山を経て、遠く埼玉県滑川町の高根山に結ばれていたことです。富士山は日本武尊と建稲種が共に巡って最後に別れた思い出の場所です。

なぜ富士山から 100km も離れた滑川町の高根山が選ばれたのでしょう。訪ねてみると、ゴルフ場の駐車場横にある、標高差

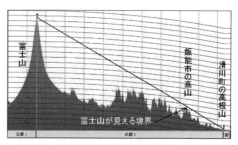

図 19　滑川町の高根山

30mほどの小さな目立たない山でした。もしかして、富士山が見える境の山かと思い、カシミール3Dで確認すると、富士山が見える境界の山であることが分かりました。(図19) 日本武尊の指示で、富士山が見える山を探し歩いたのでしょう。境の山に立って富士山が見えるか否かを確認することは大変困難です。壁となっている山が飯能市の高山なので、その山頂に立ち、棒を指し渡し富士山と高根山を見通したことが想像されます。今そこは、関東見晴らし台という名で残されていました。

表26 日本全国の高根山

No	山名	標高 m	所在地付近の地名	緯度	経度
1	高根山	310	広島県尾道市瀬戸田町高根	34/18/43	133/04/18
2	高根山	151	静岡県牧之原市坂部	34/46/10	138/12/12
3	高根山	344	静岡県下田市河内	34/42/09	138/57/19
4	高根山	871	静岡県藤枝市瀬戸ノ谷	34/58/47	138/10/59
5	高根山	504	静岡県静岡市清水区小島町	35/05/35	138/30/12
6	高根山	335	岐阜県土岐市泉町久尻	35/23/01	137/09/31
7	高根山	757	岐阜県恵那市串原	35/16/31	137/26/16
8	高根山	511	岐阜県瑞浪市日吉町	35/26/60	137/15/28
9	高根山	226	岐阜県多治見市高根町	35/21/46	137/05/50
10	高根山	105	埼玉県比企郡滑川町福田	36/05/42	139/20/37
11	大高根山	543	山形県北村山郡大石田町横山	38/34/33	140/19/04
12	高根山	641	秋田県横田市増田町狙半内	39/07/34	140/37/25
13	高根権現山	510	岐阜県瑞浪市日吉町	35/27/03	137/13/13

第 2 部　高倉山が明かす 2 つの東征

【日本武尊隊の経路概略 10】
　内津の坂から建稲種の妹、美夜受比売がいる大高に向かいます。
　ここで一冬を過ごし、春たけなわの頃には纒向に戻るべく、春早く伊吹に向かいました。湖北・湖南を経て戻る計画でした。
　関ヶ原では越国を巡った吉備武彦と再会します。しかし、喜びもつかの間、伊吹山の麓で霧の中、賊が放った毒矢を脚に受けてしまいます。一時、気を失いますが岩倉山の鞍部を越えて、玉倉部の泉の水で生気を取り戻しました。トリカブトと思われる毒では、助かる見込みはありません。予定の湖南の言向けを大伴武日に任せ、三重回りの道で帰還することにしました。
　足を引きずりながら進みましたが、ついに亀山の手前、能褒野(のぼの)で力尽きて亡くなられます。亀山が弟橘媛の生まれ里だったので、三重回りの道を選んだのでしょう。そして、その亀山が見えてきて力尽きたことが分かります。
　日本武尊の亡骸を埋めた、能褒野の白鳥塚に加佐登神社があります。この神社では 4 月 8 日を命日として、日本武尊を祀っていることが分かりました。この日に、日本武尊は東京湾を渡海したと考えていました。嵐に遭遇し風を鎮めるために、弟橘媛が身を投げた日でもあるのです。
　日本武尊は弟橘媛の生まれ里で、同じ日に死のうと決めて彷徨していたことが見えてきました。

日本ケ塚山
　能褒野の白鳥塚を、日本コバ、黒尾山、御在所山を結ぶ直線が指示していました。(地図 103)
　日本コバの日本は、日本武尊のことなのでしょう。コバの文字

第5章　東国の高倉山

は残らないため推測するしかありません。黒尾山の黒は悲しみの黒です。御在所山は「御亡骸の在る所」の意味に解釈できます。

このように、白鳥塚を指し残したならば、富士山を日本の中心と考え、富士山を誰よ

地図103　日本コバ

りも愛した日本武尊の心が残されているのではと考えました。そこで、白鳥塚と富士山を結んでみると、中間に日本ケ塚山が見つかります。この名前は日本武尊の塚と結びなさいと言っているように見えます。（地図104）富士山の先には、丹沢湖のほとりに権現山が見つかります。富士山を愛した心が、永遠に残されたことにほっとします。

日本ケ塚山（1,107m）
愛知県北設楽郡豊根村付近

では、なぜこの陸の孤島のような場所に、日本ケ塚山が残されたのでしょう。先の高根山の地図に書き込んでみると、黒崎高尾山や伊豆下田の白浜にある高根山が、内津神社に

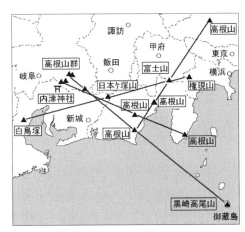

地図104　日本ケ塚山

延びる線と交わるところにあることが分かりました。
　日本武尊と建稲種を結びつける日本ケ塚山でもあったのです。副将軍の中では、建稲種は年が若く、30歳で亡くなった日本武尊と気があったのでしょう。2人の友情を残したことが分かります。
　訪ねると山々が連なり、麓からは見ることができません。登山道口近くの家を訪ね、良い撮影場所を聞くことにしました。たまたま訪ねた先が、元村長のお宅でした。2時間ほど登ると山頂部は見えてくるが、1人では危険ということです。そして、何故この日本ケ塚を訪ねてきたのかと、興味深げに訊ねてきます。きっと村長として、この村の中央にある大きな山に、日本と名の付く謎を心に留めていたのでしょう。
　「山頂に塚でもあるのでしょうか？」との問いです。三重の能褒野にある、日本武尊の塚と結ぶ山名の意味や、反対は富士山に結ばれていることを話しました。さらに地図を広げて、副将軍・建稲種との友情の証しとの考えも話しました。
　撮影を断念し、車をUターンして戻ってくると、この元村長が門前で缶ジュースを持って、待っていてくれたのです。突然の訪問にかかわらずの差し入れに、この歴史ロマンについて、分かっていただけたことを知りました。

「東国の高倉山」のまとめ

　日本武尊東征の際にも、高倉山を名づけていました。その足跡をたどってきて、見えてきたことをまとめてみました。
1) 東国に向かう途中、日本武尊は伊勢神宮を建てたばかりの倭媛命の元を訪ねますが、豊受大神を祀る外宮にある高倉山は、この時に2人が名づけたと考えました。

第 5 章　東国の高倉山

2) 越国を巡った吉備武彦が残したと考える、越後湯沢付近の二対の高倉山は、三国峠付近の八木尾山を指示していて、三国峠開削を行った記録と考えました。
3) 能登半島の先、富山湾に面して残る高倉山は、イルカ漁で生活していた縄文人を訪ね、会話した足跡と考えました。
4) 能登から加賀への経路でも破鏡が見つかり、この東征でも家族の絆としての破鏡を、持参していたと推測しました。
5) 関東平野を北上した、大伴武日が日光に向かった経路を、鹿沼から粕尾峠に続く道沿いに、〇倉山を残して記録していました。
6) 猪苗代と郡山の境にある分水嶺・中山峠を、近くの鎌倉山と高塚山で指し残したと推測しました。
7) 福島まで北上した大伴武日は、一旦、いわきに南下し浜通りを北上しますが、その南下の経路が、阿武隈高地に〇倉山の列で記録していました。
8) 日本武尊は常陸から船で、八戸付近まで北上します。上陸して東北町に進み、陸奥湾が見える峠に「日本中央」の碑と、この折り返し地点に「尾山頭」の地名を残していました。
9) 八戸付近で日本武尊隊と分岐して、下北半島を横断し津軽半島に向かった穂積忍山宿禰は、むつ湾の両岸の川内町と平内町に、高倉山と松倉山を残し、岩手山を指示していました。
10) 北海道の西南部の渡島半島にある、いくつかの〇倉山はこの時の東征隊の船隊が、日本海側での支援を終え太平洋岸に戻る途中、津軽海峡を越え北海道に渡った足跡と考えました。
11) 津軽平野を中心に行われている夏祭りの「佞武多」は、穂

303

第2部　高倉山が明かす2つの東征

　　　積忍山宿禰がやってきた名残りで、倭の武士が大勢やってきた意味の「倭武多」が、誤って名づけられたと考えました。
12）岩木川の源流域、白神山地の入口にある高倉森は、東征隊が岩木川の安寧を祈った際、美しい森をたたえ、「高倉山」に変えて「高倉森」と名付けたと考えました。
13）津軽平野から秋田に向かった東征隊は、碇ケ関付近から3つの○倉山で、三方の道を記録し、これを三本倉山の名で暗示していました。
14）安比高原近くにある高倉山は、貝梨峠を通る分水嶺に名づけた山であることが分かりました。
15）岩手山の西麓に多くある○倉山は、八幡平に続く尾根の下倉山・中倉山・上倉山と所を変えて、絶景の岩手山を望んだ時の名づけと考えました。
16）東国の地方随一の山には、山頂部を指し挟むように○倉山を残していることが見えてきました。しかも、随一の山には○倉山・○尾山の名づけがないことが分かりました。
17）北上川沿いに南下した日本武尊隊が、岩手県の西和賀地方に、○倉山の列を残して、分隊の遠征があったことを記録していました。
18）建稲種は二戸付近で、日本武尊隊と分かれて、北上山中を延々と南下しました。日本武尊隊に異変があれば山を越えて駆けつける作戦です。その山越えの道が高倉山など、○倉山の列で3本の道が記録されていました。
19）宮城県大和町付近の○倉山群は、北から南下してきた日本武尊隊が建稲種隊を見つけて、互いの再会を喜び合うため烽火を上げた山々と考えました。

第 5 章　東国の高倉山

20) 仙台市秋保町付近の高倉山と、大和町の高倉山が泉ケ岳を指し挟み、また、三方倉山と鎌倉山で山形盆地に向かった峠が、笹谷峠だと記録していました。
21) 山形盆地の馬洗場Ｂ遺跡の、住居跡で見つかった破鏡もまた、東征隊の激しい開拓の作業の中で失くしたものと考えました。
22) 山形盆地の南陽市の高倉山は、周辺に六角形に配置された、鷹と付く山の、対山と結ぶ３本の直線の交点に名づけられていました。ここは金の産出地で、このことを東征隊は察知し記録したものと考えました。
23) 日本武尊は山形盆地から、庄内平野に向かうが、最上川を船で下った時の、船の木の切り出し地、造船場所、下船場所などを、高倉山やこれと結ぶ〇倉山の直線を、最上川と交差させて記録していました。
24) 越後平野に戻ってきた日本武尊隊が、佐渡島と粟島に渡っていたことを、村上市付近に〇倉山を残して記録していました。
25) 会津盆地から中通りへ至る経路が、天栄村を経ていたことを、〇倉山を残し記録していました。
26) 山形盆地の長井市付近に残留し開拓をしていた、大伴武日は日本武尊に松戸で合流するため、米沢盆地、南会津、今市と山中を直線的に南下したことを、いくつもの高倉山を残し記録していました。
27) 南会津にある会津朝日岳に登ったことを、〇倉山の列を尾根に残して記録していました。
28) 日本武尊は帰還の経路に弟橘媛を偲び、「あずま」山や「あ

第2部　高倉山が明かす2つの東征

　　　　ずまや」山を、吾妻山、四阿屋山、吾妻耶山、吾嬬山、四阿山と文字を変えて残していました。
29）日本武尊は帰還時、美濃に下る内津峠で、建稲種の溺死を知らされて嘆き、多治見付近に高根山群を残しました。さらに、建稲種を葬った御蔵島の黒崎高倉山や、共に巡った富士山の思い出の高根山を、駿河や滑川町に記録していました。
30）日本武尊自身も伊吹山で、賊の毒矢を脚に受け、三重の能褒野で亡くなりました。葬った白鳥塚と愛してやまなかった富士山を結ぶ線と、高根山を結ぶ線との交点に日本ケ塚山を残して、建稲種との友情を記録していました。

【読書の参考に】
＊本書に記載した同名の山々をネット地図で結んでみてください。古代人の心を新しく発見できるかも知れません。ネット地図で、山々を結んでみるにはMapionの「キョリ測β」が便利です。
　　　http://www.mapion.co.jp/route/
＊同名や同種の名の山や、地名を検索するには「地理院地図」が便利です。
＊登場した山々の画像を、ホームページ「たかとりが明かす日本建国」に一部掲載しています。どんな山々に古代人が足跡を残したか、イメージが膨らむと思います。
　　　http://vbsoft.sub.jp/hana/takatori1.html
＊読後の感想などは次のアドレスにお寄せください。
　　　E-mail tenson @ vbsoft.sub.jp

おわりに

　この書は、夏至の日出の方角を東とした時の、南北の直線が、狗邪韓国から高千穂峰に、延びることを発見したことに始まります。魏志倭人伝に記す行程が、この方角基準で記録されていました。邇邇藝命の「此地は韓国に向ひ……」の一言もこの方角のことでした。

　天照大御神の国づくりの心を、少年・邇邇藝が南九州に実現します。この天孫降臨の道が、「丘と岡」に託されて現代の地図に残されていたことには、驚きました。天孫降臨を先導した猿田彦と邇邇藝命の別れの場所を特定できたのは、古代を訪ねる旅のハイライトかも知れません。

　後半は、女王の位も捨て東征の後を追い、建国の成就を願った豊受大神の心を、わずかながら推し量れました。日本武尊と建稲種と弟橘媛、大伴武日や穂積忍山宿禰など登場する人々が、過酷ながらも純粋に生きたことを知りました。

　東征の経路に見つかった破鏡は心痛む発見でした。多くの兵が、鏡を割り家族の絆として持参していましたが、それを東征の戦いや、開拓の中で失くしていたのでした。日本建国のために多くの人達が、己を顧みず生きたことを忘れてはなりません。

参考・引用文献

『古事記』倉野憲司校注、1991年、㈱岩波書店

『日本書紀（上）全現代語訳』宇治谷孟、1988年、㈱講談社

『たかとりが明かす日本建国』白崎勝、2010年、㈱梓書院

『最新「邪馬台国」論争』安本美典、平成9年、㈱梓書院

『忘れられた上代の都「伊都国日向の宮」』石井好
　2002年、㈱郁朋社

『風土記』秋本吉朗、昭和45年、㈱岩波書店

『草書体で解く邪馬台国の謎』井上悦文、2013年、㈱梓書院

『邪馬台国と狗奴国と鉄』菊池秀夫、2010年、㈱彩流社

『天翔る白鳥ヤマトタケル』小椋一葉、1989年、㈱河出書房新社

『日本古代文明の謎』井上赳夫、昭和45年、㈱大陸書房

『日本の地名』鏡味完二、1964年、角川書店

『弥生時代九州における銅鏡の副葬と廃棄』南健太郎、2008年、
　熊本大学

『倭姫命世紀』神話の森HP

『白鳥伝説』谷川健一、1997年、㈱小学館

『最北の破鏡』高橋敏、公益財団法人山形埋蔵文化財センター

出版への言葉

　2人が福井で酒を酌み交わした時、福井の地名には昔の人々の思いが込められていると、話題になったことがある。「たかとり山」に始まる物語の原点は、そんなところにあったのだろう。

　退職後、弟勝は山名による古代研究を始め、私は冶金研究をガレージで始めた。互いの成果がただちに、世に認められることがなくとも、進歩の階段を上がったことは確かだと思う。

　人類未体験のグローバル社会が深化しつつあるが、この新しい時代を生き抜くためにも、歴史をふりかえり、先人が時代をどう切り開いたかを知る必要がある。その行動の意味を考えれば、何かを得るだろう。この本を推奨する。

　　　　　　　　　　　　技術士（精密機械）　白崎　和夫

【著者略歴】

白崎　勝（しらさき　まさる）

福井市高木町に生まれる（父 太左ヱ門、母 よん）
1962年三菱樹脂㈱に入社　冷却塔の研究・設計に従事する。上市製品「白煙防止型冷却塔」など
研究発表「冷却塔の省エネルギー運転（日本冷凍空調学会）」
ソフト「シミユレーション技法による冷却塔設計法」
大阪単身赴任中に近畿の古代を訪ねる
1995年阪神淡路大震災に遭遇し冷却塔・貯水槽復旧プロジェクトに従事する
2000年㈱ライト入社「多店舗ゲームセンターの日報管理システム」などを発表する
2006年 VBソフトコーポレーション代表
2010年『たかとりが明かす日本建国』（梓書院）を発表する
2016年『丘と岡が明かす天孫降臨』（郁朋社）を発表する

田坂　恵津子（たさか　えつこ）校正

丘と岡が明かす天孫降臨

2016年6月21日　第1刷発行

著　者　——　白崎　勝

発行者　——　佐藤　聡

発行所　——　株式会社 郁朋社
　　　　〒101-0061　東京都千代田区三崎町2-20-4
　　　　電　話　03（3234）8923（代表）
　　　　ＦＡＸ　03（3234）3948
　　　　振　替　00160-5-100328

印刷・製本　日本ハイコム株式会社

落丁、乱丁本はお取り替え致します。

郁朋社ホームページアドレス　http://www.ikuhousha.com
この本に関するご意見・ご感想をメールでお寄せいただく際は、
comment@ikuhousha.com　までお願い致します。

©2016 MASARU SHIRASAKI　Printed in Japan　ISBN978-4-87302-623-7 C0095